애로우잉글리시

토익

최재봉·김병식 지음

단 하나의 기술(RC) 원리이해

애로우 잉글리시 토익 단 하나의 기술 (RC) 원리이해

지은이 최재봉, 김병식
펴낸이 김병식
펴낸곳 애로우 잉글리시
등록 2013년 1월 18일
주소 서울 강남구 역삼동 831-24 예미프레스티지빌딩 3층 (135-080)

기획 및 책임 편집 김병식
편집 디자인, 일러스트 이승철
마케팅 김혜영
영업 문학원

초판 1쇄 2015년 12월 10일 발행

값 14,000원

이 책 내용의 일부 또는 전부를 재사용하시려면 반드시 (주)애로우 잉글리시의 동의를 얻어야 합니다.
파본은 구입하신 서점에서 교환해 드립니다.

애로우잉글리시
토익

최재봉·김병식 지음

단 하나의 기술(RC) 원리이해

애로우잉글리시 토익 단 하나의 기술(RC) 원리이해
CONTENTS

들어서기전에
수백 가지나 필요한 비법은 거짓이다. 단 하나의 원리만 알면 영어와 토익 한꺼번에 잡을 수 있다. · · · · · 4

Chapter 01 토익 리딩파트 문제풀이 전략

- Unit 01 TOEIC 소개 · 18
- Unit 02 토익 Part 5, 6 단 하나의 전략 : 원리이해 · · · · · · · · · · · 22
- Unit 03 토익 Part 7 문제풀이 전략 : 잘못된 독해 방법을 바로잡자 · · · · 34

Chapter 02 원리만 알면 쉽게 푸는 문장구조 문제풀이 비법 – Part 5,6

- Unit 04 원리만 알면 쉽게 푸는 명사덩어리 문제풀이 기술 · · · · · · · · · 46
- Unit 05 어려운 문법 문제의 절반, 동사덩어리 문제풀이 기술 · · · · · · · 76
- Unit 06 동작과 상태의 정도를 알려 주는 말, 부사 문제풀이 기술 · · · · · 93
- Unit 07 비교표현은 세 개만 알면 된다 · 103

Chapter 03 원리만 알면 쉽게 푸는 연결어 문제풀이 비법 – Part 5,6

- Unit 08 전치사와 접속사의 차이점만 알면 해결된다 · · · · · · · · · · · · 114
- Unit 09 명사와 명사를 연결하는 전치사 바로잡기 · · · · · · · · · · · · · 121
- Unit 10 문장과 문장을 연결하는 접속사 바로잡기 · · · · · · · · · · · · · 134
- Unit 11 명사와 문장을 연결하는 관계사 바로잡기 · · · · · · · · · · · · · 140
- Unit 12 연결어와 동사의 역할을 동시에 하는 동사변형 [분사구문, to부정사] · · · · · 147

Chapter 04 단어를 조금만 공부해도 쉽게 푸는 어휘 문제풀이 비법 – Part 5,6

- **Unit 13** 토익 어휘는 늘 정답이 되는 단어가 있다. 우선순위로 공부하자 · · · · · · · 166
- **Unit 14** 동사 어휘 문제풀이의 기술 · · · · · · · 172
- **Unit 15** 부사 어휘 문제풀이 기술 · · · · · · · 185
- **Unit 16** 형용사 어휘 문제풀이의 기술 · · · · · · · 194
- **Unit 17** 명사 어휘 문제풀이의 기술 · · · · · · · 198

Chapter 05 글 전체의 맥락을 파악해야 하는 Part 6 문제풀이 비법

- **Unit 18** 글의 주제를 파악하자. · · · · · · · 206
- **Unit 19** 문장의 흐름을 알려주는 '연결고리'를 알아야 한다. · · · · · · · 212
- **Unit 20** 문맥에 알맞은 시제가 중요하다. · · · · · · · 215

Chapter 06 부족한 시간을 해결하는 Part 7 문제풀이 비법

- **Unit 21** 간단한 배경지식만 있으면 절반은 풀린다. · · · · · · · 221
- **Unit 22** 정답은 알고 보면 말만 조금 바꾼 것이다. · · · · · · · 228

들어서기 전에

수백 가지나 필요한 비법은 거짓이다.
단 하나의 원리만 알면 영어와 토익 한꺼번에 잡을 수 있다.

이 책은 토익에 관한 다음과 같은 **불편한 현실**에서 출발했다.

닥치고 문제집이나 풀어라?

토익 교재는 거의 모든 교재가 기출이나 예상 문제집이다. 이는 모든 수험생들이 영어의 기본기가 탄탄해서 문제만 풀면 실력이 자동적으로 오른다는 전제가 필수인데 솔직히 어처구니가 없는 접근방법이다. 대다수의 수험생들은 기본기가 부족해서 점수가 나오지 않기 때문이다. 그러다 보니 최근에는 편법이든 정공법이든 일단 시험은 잘 봐야하기에 '**뭐가 나오면 뭐가 답이다**'식의 공식과 기술들을 암기한다. 사실 실전에서 그 많은 공식들과 기술들이 바로 적용 가능할 지도 의문이고 **왜 그러한지에 대한 최소한의 이해**도 없이 우겨 집어넣은 지식은 '**암기 ▶ 망각 ▶ 반복**'의 악순환이 계속될 수밖에 없다. 혹여 암기에 능해도 답을 삼켜 얻은 점수는 곧 한계에 도달한다.

급하다고 상식을 외면하면 불편은 계속된다. 그러니 이제 방법을 바꿔보자. 진정한 문제풀이의 기술은 **이해**다. 그리고 그것은 어렵거나 오래 걸리지 않으며 요령을 터득하는 가장 빠르고 확실한 방법이다!

이러한 원리이해를 통한 문제풀이 기술은 토익은 물론 텝스, 수능, 공무원 등의 다른 시험에도 적용이 된다. 원리이해를 통해 시험의 경향이 달라져도(2016년 5월 예정) 또는 다른 시험을 준비해도 대비할 수 있는 진정한 실력을 기를 수 있다. 단언컨대, 기계적 암기를 강요하는 기존의 학습법은 전혀 도움이 되지 않는다. 이제는 말하기와 쓰기에도 도움이 되는 새로운 학습을 해야 할 시기이다.

수백 가지나 필요한 비법은 거짓이다. 단 하나의 원리만 알면 **영어**과 **토익** 한꺼번에 잡을 수 있다!

위 그림은 토익 파트1에 나오는 그림이다.

A volunteer receives money from a woman in the market.

보는 **순서**

보는 순서는 다음과 같다. 먼저 상단에 preview(이렇게 해봐요)를 보면, 주어에서부터 나오는 빨간 선을 발견할 수 있을 것이다. 눈으로 따라가 보자. 그리고 그 눈으로 따라간 순서대로 단어가 일대일로 배치된다는 생각을 하고 들어가면 된다. 그리고 preview 아래의 동선이 있는 본 그림을 보자. 보고나니 정말 그 순서대로 단어가 배치되지 않았는가? 문법을 몰라도 그림과 함께 영어식 사고만 적용하면 저절로 이해된다.

A volunteer receives money from a woman in the market.

문장을 보면 온갖 문법적 요소가 다 들어 있다. 아래에서 영어로 그대로 남겨 놓은 부분들은 문법적인 설명이 필요하지만, 그 나머지는 단어만 알면 되는 부분들이다. 일단 문법 다 모른다 치고, 그림에서 바로 인지되는 단어들만을 가지고 이해를 시도해 보자. 물론 단어들과 그에 해당하는 사진의 부분들을 서로 1대1로 대응시켜 나가면서.

한 자원봉사자 ▶ 받는다 ▶ 돈 ▶ from ▶ 한 여인 ▶ in ▶ 시장

어떤가? 영어 그대로 놓아둔 기능어 부분들을 빼놓고도, 문장 순서대로 따라가면서 사진에서 직접 파악되는 단어들을 하나하나 대응시켜 보니 전체적인 그림이 머릿속에 대충 그려지지 않는가? 이렇게 단어들만 순서대로 배열해 놓아도 어느 정도 이해가 될 수 있는 이유는, **영어 문장이 주어(한 자원봉사자)에서부터 한 단계 한 단계 확장해 나가면서 한 폭의 그림을 그려내기 때문이다. 이것이 영어의 단 하나의 원리이다.** 이러한 영어의 원리를 제대로 깨닫기만 하면, 수백 가지나 되는 공식과 비법들을 공부할 필요가 없다. 더 나아가 때로 한국말보다 영어가 훨씬 더 쉬울 수 있다.

이제 기능어 부분들은, 문법적 의미를 고민하지 말고 사진의 장면에서 이미 파악된 단어와 단어 사이를 그저 자연스럽게 연결한다는 기분으로 이해를 시도해 보자. 사실 이 기능어 부분들은 여러분이 학교 문법 시간에 지겹도록 배운 <u>전치사, 접속사, 관계사, 분사 구문</u>들과 같은 것이다. **그러나 문법이란 것도 알고 보면 원어민의 사고방식대로 주어에서부터 순서대로 그림을 그려가기 위한 도구이며, 단어와 단어를 자연스럽게 연결해주는 가장 효과적이고 유용한 도우미들일 뿐이다.** 깊이 있는 분석을 요구하는 학습과 연구의 대상이 아니란 얘기이다.

단 하나의 원리만 알면 그림만 보아도 그냥 문장이 저절로 이해된다.

먼저 제일, 처음 나온 단어가 '**한 자원봉사자**'이다. 그 자원 봉사자가 하는 동작을 보니 '**받고 있다**'. 그리고 받는 것이 무엇인가 보니 '**돈**'이다. 그 돈의 출처가(from) 어딘가 하면, '**한 여인**'이다. 그리고 그 일이 벌어지는 장소는(in) '**시장**'이다. [앞 페이지 그림 참조]

자, a volunteer(한 자원봉사자)에서부터 시즈해서 죽 이어져서 마지막 '시장'까지 확장되는 한 편의 움직이는 그림이 자연스레 나타난다. 전체 그림의 동선을 주의 깊게 음미해보시기 바란다. 주어에부터 단어가 나열된 순서와 사진 속에서 주어로부터 시작된 동선이 한 치도 어그러짐 없이 착착 일치되어 나가는 게 보이지 않는가? 아무리 복잡한 문장들이 뒤섞여 있는 듯해도, 이렇게 일련의 부분들이 차례차례 이어지면서 한 편의 움직이는 동영상을 만들어내는 것이 영어이다.

한 자원봉사자로부터 시작해서 그녀의 내민 손을 따라 돈을 만나고 그 돈과 또 이어진 출처를 따라 이어진 이해의 동선을 통해, 전치사라는 문법 용어를 사용하지 않고도 주어에서부터 자연스럽게 순서대로 이해가 가능하다는 얘기다. 영어란 주어에서부터 순서대로 그림을 그려나가는 언어이고, 그 사이 사이에서 순서대로 이해의 동선을 연결해 주는 말들이 있을 뿐이라는 것을 실감 나게 느끼기 위해서 이번에는 그림에서 주어를 달리해서 말을 만들어 보자. 주어를 한 여인(a woman)으로 해 보자. 그래서 편의상 주어가 왼쪽에부터 순서대로 나오도록 그림을 돌려서 놓았다.

자, 동선을 따라가 보자.

주어가 한 여인(a woman)이다. 그리고 그 여인이 하는 동작이 놓는다(put)이다. 그렇게 놓는 대상이 바로 돈(money)이다. 돈이 안으로 쏙 들어간다(into) 그렇게 들어간 곳이 바로 깡통(can)이다. 그 돈이 쓰이는 대상은(for) 바로 자원봉사자 유니폼에서 보이듯이 적십자(the Red Cross)이다.
이제 이 순서대로 단어를 나열해 보자.

A woman puts money into the can for the Red Cross.

이렇듯 문법을 몰라도 주어만 찍으면 그림과 함께 주어에서부터 순서대로 당연히 나올 말들이 나오게끔 해 나가다 보면 자연스럽게 영어가 이해가 되고 영어를 기존 문장을 암기하지 않아도 말이 만들어지게 되는 것이다. 우리가 영어를 하는 일차적인 목적은 한국말로 멋들어지게 '**번역**'하는 데 있는 것이 아님을 분명히 할 필요가 있다. 그건 번역 전문가에게 맡기면 된다. 우리는 그저 영어를 읽거나 듣는 즉시 순서대로 알아듣고, 하고 싶은 말이 떠오르는 즉시 영어로 뱉어낼 수만 있으면 되는 것 아닌가.

> 이제 **단 하나의 원리**인 주어에서 부터 순서대로 그림 그리는 법을 배우자. 그것이 곧 문법(말이 구성되는 원리)이고 TOEIC에서 요구되는 능력이다.

> 그러나 여태까지 대다수 학습자들의 토익 학습전략은 출제되는 경우의 수에 따른 **수많은 기술과 법칙들을 암기**해서 푸는 방식이다. 그러나 단언컨대 이러한 학습방법은 매우 **비효율적**이다. **왜 그러한 지에 대한 최소한의 이해**도 없는 기계적인 암기는 스트레스만 가중될 뿐, 학습에 도움이 되지 않는다. 이제는 말하기와 쓰기에도 도움이 되는 새로운 학습을 해야 할 시기이다.

자, 이제 앞서 배운 내용이 **토익에 어떻게 적용**되는지 보자.

01 A volunteer _____ money from a woman in the market.

(a) receives
(b) receiving
(c) is received
(d) to receive

앞서 그림과 같이 나온 문장이라 쉽게 답을 구할 수 있다. 그러나 단순히 답만 구하는 것이 아니라 이를 통해 **TOEIC의 출제원리이자 문장이 완성되는 원리**를 알아보자.

주어에서부터 가까운 순서대로 그룹을 그리면 **주어에서 가장 가까운 요소**에 빈칸이 있다. 앞 그림에서 볼 수 있듯 **주어에서 가장 가까운 것은 일반적으로 주어의 동작**이므로 빈칸은 동사(주어의 동작)가 와야 한다. 따라서 일단 선택지에서 동사를 고르면 (A)와 (C)이다. 이 중 빈칸 다음의 money라는 대상이 올 수 있는 동사는 **receives**(받는다)이다. 따라서 정답은 (A)이다. (C)와 (D)는 엄밀히 말하면 동사가 아니고 동사를 변형한 것이다. 이에 대한 자세한 설명은 몇 장만 넘기면 있다.

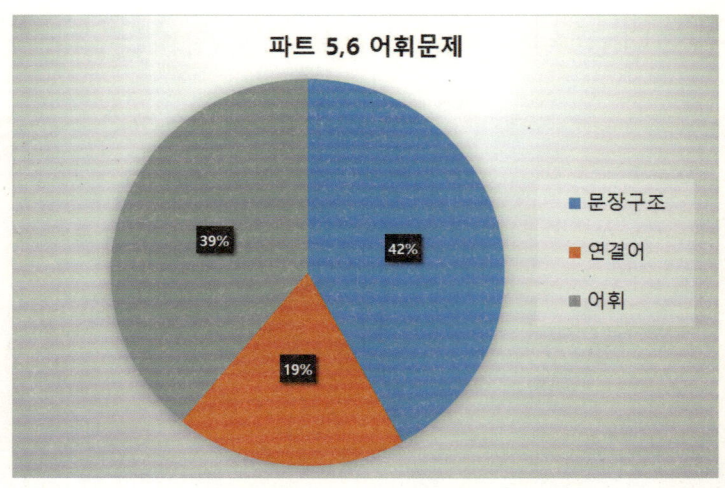

파트5,6의 문제유형은 세 가지(문장구조, 어휘, 연결어)로 분류할 수 있으며, 이러한 문제유형의 분류는 **선택지를 분석하면 바로 분류할 수 있다.** 문제유형별로 분류하는 이유는 문제풀이 시간을 줄이기 위해서니 반드시 해야 한다. 특히 대다수를 차지하는 문장구조 및 연결어를 묻는 문제는 말이 만들어지는 원리만 잘 알면 어휘를 많이 외우지 않아도 정답을 쉽게 구할 수 있다.

분류하는 방법은 **선택지가 같은 단어의 변형**인가 아닌가 중요하다. 선택지가 연결어(전치사, 접속사 등)로 이루어져 있는 것을 제외하고 선택지가 같은 단어의 변형이면 문장구조를 묻는 문제이고 서로 다른 단어로 되어있으면 어휘를 묻는 문제이다.

(a) receives   (b) receiving
(c) is received (d) to receive

▶ 같은 단어의 변형 ▶ ❶ 문장구조를 묻는 문제

(a) receives   (b) enables
(c) prefers   (d) respond

▶ 서로 다른 단어 ▶ ❷ 알맞은 어휘를 묻는 문제

(a) from   (b) between
(c) behind   (d) to

▶ 서로 다른 단어 ▶ ❸ 알맞는 연결어(전치사)를 묻는 문제

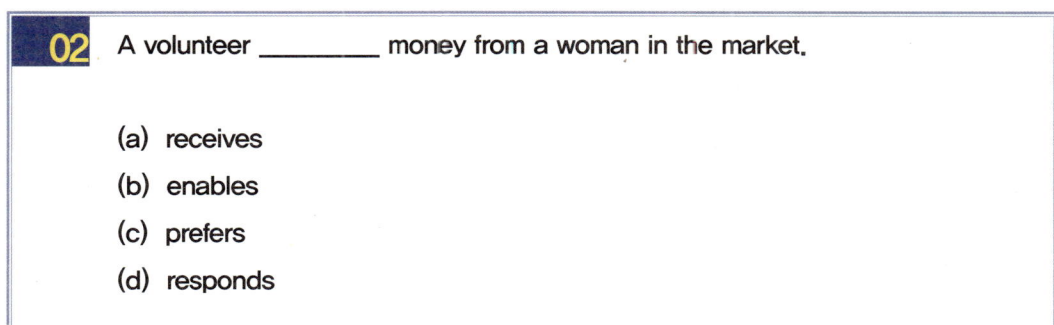

선택지를 보면, 서로 다른 단어이다. 따라서 문장구조를 묻는 문제가 아닌 ❷ 어휘문제이다. 어휘문제는 그 단어의 의미만 알아도 절반은 해결된다. 그 중 특히 동사어휘는 **동작(동사)과 그 동작의 힘이 미치는 대상(목적어)과의 관계**가 중요하다는 점을 염두해 두고 알맞은 정답을 골라야 한다. 따라서 정답은 동작의 대상인 'money(돈)'와 가장 잘 어울리는 (A) **receives**(받다)가 정답이다.

특히 뒤에 나오는 'from'이라는 전치사 때문에 더욱더 'receives'가 답임을 알 수 있는데, 주어에서 부터 순서대로 그림을 그려 나가면, 전치사는 주어의 동작(동사)에 따라 결정되는 경우가 많다.

예를 들어, 아래의 그림과 같이 주어에서 나오는 힘이 앞으로 당기는 힘(pull, draw)이면 뒤에 힘을 받는 대상(water)은 앞쪽으로 당겨지니, 뒤에 올 전치사는 대상(water)이 움직여온 출발지를 나타내는 from이 오게 마련이다.

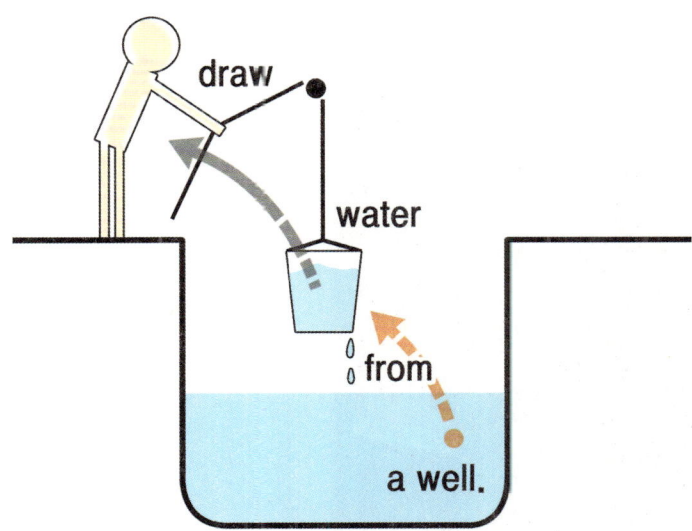

◀◀ 와 같이 이렇게 연속으로 이어지는 느낌이다.

이와 같은 '**동사와 전치사의 흐름**'을 주어에서 나오는 '**힘의 연속**'이라 지칭하자.

receive도 단순히 '**받다**' 이렇게 볼 것이 아니라 동작을 해보면 물건을 받으면서 '**자기쪽으로 당기는 힘**'이므로 알맞는 전치사는 from이다. 이와 같은 관점에서 앞서 동사를 선택하는 문제와 반대로 다음과 같이 ❸ **알맞는 연결어(전치사)를 묻는 문제**로 출제될 수 있다.

> **03** A volunteer receives money _____ a woman in the market.
>
> (a) from
> (b) between
> (c) behind
> (d) to

선택지를 보면, 서로 다른 단어인데 연결어의 하나인 전치사 단어이므로 알맞은 연결어를 묻는 문제이다. 전치사는 단어와 단어를 연결해주는 말로 주어에서부터 순서대로 그림을 그리면서 알맞은 전치사를 찾으면 된다. 특히 주어에서 나오는 '**힘의 연속**'을 생각하며 답을 골라야 한다. receive의 '**자기 쪽으로 당기는 힘**'과 일치하는 힘은 '**출발한 지점이 어딘지**'를 나타내는 **전치사 from**이다. 예전에는 from이 분명 먼저 나왔는데 뒤에서부터 먼저 해석해서 '**~로 부터**'라고 했는데 이제 새롭게 하자. "**출발한 대상은 무엇인지~**", "**출발한 지점이 어딘지~**" 말이 생소하고 어렵더라도 바꿔야 한다.

사진기사를 통해 좀 더 연습해 보자.

A man receives flowers from a girl.

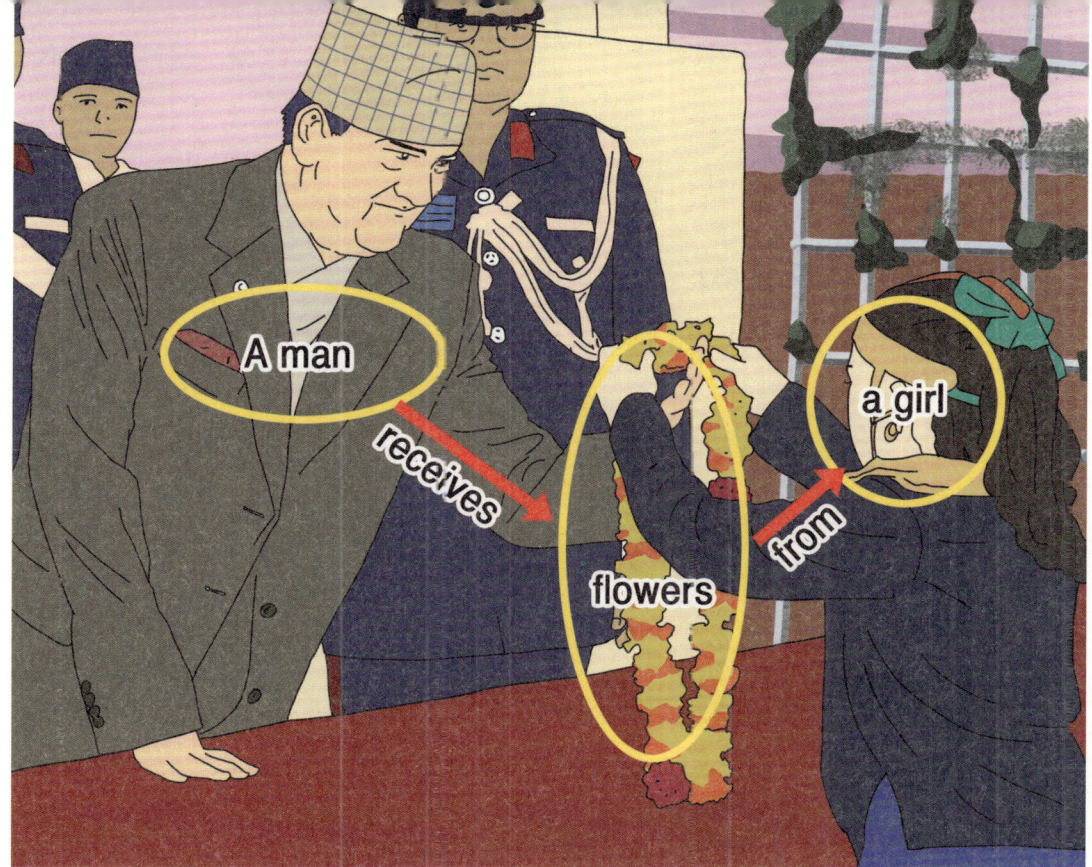

빨간 화살표의 시작이 **한 남자**이다. ▶ 받고 있다 ▶ 꽃들 ▶ 그 출발한 지점은 어디인가요? ▶ 한 소녀이다.

영어로 하면   A man ▶ receives ▶ from ▶ a girl

앞서 **문제**와 **동사**(receive)와 **전치사**(from)가 동일한 문장이다. 이러한 주어에서 나오는 '**힘의 연속성**'의 원리를 토익에서 주로 출제한다. 이런 **영어가 만들어지는 원리**를 잘 이해하면 토익과 영어 두 마리 토끼를 잡을 수 있고, 무엇보다 쉽다. 하나의 간단한 원리만 알면 된다. 주어에서 가까운 순서대로 단어를 나열하면 된다. 다음 문장을 보자.

Workers unload oil palm fruits from a truck.

Workers ▶ unload ▶ oil palm fruits ▶ from ▶ a truck.

노동자들이 ▶ 내리고 있죠 ▶ 기름 야자수 열매들 ▶ from 출발지는~ ▶ 트럭

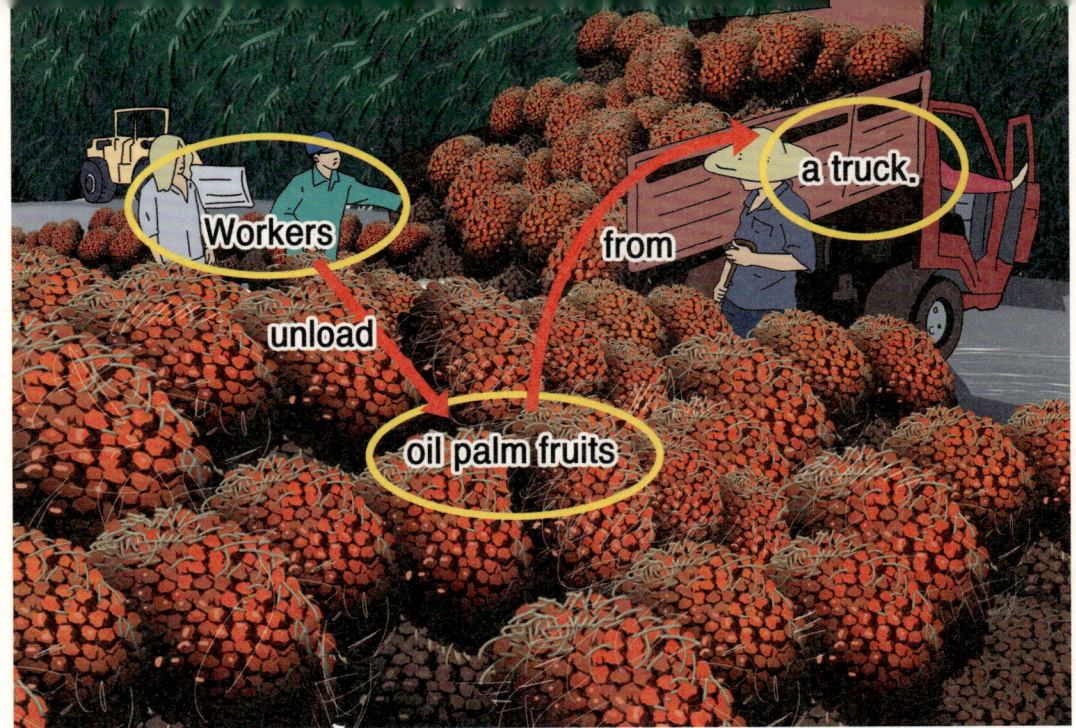

unload가 끄집어내는 거니까 그 힘 때문에 물건들이 사진에서처럼 주어 쪽으로 당겨지게 된다. 열매들이 당겨질 때 열매들의 움직임이 시작되는 출발지가 기대되는 것은 힘의 연속성을 보여주는 것이다. 이렇게 힘의 연속성, 특히 동사와 그 힘을 받는 대상과 이어지는 전치사의 힘의 연속성은 영어를 이해하는 참 귀한 힌트다. **'~부터 내린다'**가 아니라, 내리니까 그것이 끌려 나오고, 출발지가 나오고, 이렇게 **힘의 연속성**을 따라가자.

이러한 영어의 '**힘의 연속성**'의 원리가 토익에서는 집중해서 출제가 된다. 다음 문제를 통해 확인해 보자.

---

04 If you need to obtain additional information _____ us, please log in.

(A) from
(B) between
(C) behind
(D) to

이 문제도 동작인 '**obtain**(얻다, 획득하다)'의 동작을 해보면 자기쪽으로 당기는 힘이므로 앞서 살펴보았던 문제와 같이 알맞은 전치사는 **from**이다. 또한 이를 모른다 하더라도, '정보(information)'라는 것은 어디에서 일단 '**나와야**'하므로 출처의 전치사인 **from**이 답이 된다.

이제 다시 반대로 전치사와 어울리는 동사어휘문제를 풀어보면, 다음과 같다.

---

05 When the plastic product is cooled down enough to keep its shape, it's time to _____ it from the mould.

(A) correspond
(B) withdraw
(C) write
(D) detach

선택지를 보니 ❷ **알맞은 어휘를 묻는 문제**를 묻는 문제이다. 동사어휘이므로 빈칸 뒤의 전치사 **from**과의 어울림(힘의 연속성)을 생각해보면, 잡아당기는 동작인 **detach** [떼어내다] **or withdraw** [인출하다] 둘 중에 하나가 정답이다. 동작의 대상이 '**플라스틱 제품**'이므로 의미상 **detach**가 정답임을 알 수 있다.

여태까지 토익 파트 5,6에 나오는 대표유형 세 가지를 모두 보았다. 특히 문법문제라고 생각했던 것들을 포함해 마냥 암기해야 된다고 생각했던 어휘문제까지 의외로 단순한 원리에 의해서 해결됨을 보았다. 오히려 여태까지 해왔던 쓰지 못하는 문법용어들을 배운뒤 규칙만 암기해서 문제만 푸는 용도로 사용하는 것은 매우 비효율적인 공부방식이다. 문법을 정확히 몰라도 단순한 원리를 알면 토익과 영어, 두 마리 토끼를 잡을 수 있다. 이제 새로운 방법으로 접근할 때이다.

Chapter 01

토익 리딩파트 문제풀이 전략

Unit 01 TOEIC 소개

Test of English for International Communication, 즉 '**국제적인 의사소통을 위한 영어시험**'의 약칭이다. 여기서 눈여겨볼 대목은 International이다. American이나 British가 아니고 '**세계**'다. 한국처럼 비영어권에서의 영어를 통한 의사소통까지 포함하는 것이다. 그래서 첫째, 토익에는 **미국 특유의 구어나 슬랭, 이디엄**이 여간해선 출제되지 않는다. 가장 보편적이고 표준적인 영어를 이해하고 말할 줄 아는지 묻는다. 둘째, 이렇게 세계적인 의사소통을 하는 자리는 당연히 비즈니스와 관련된 것이 압도적으로 많을 것이다. 따라서 토익은 비즈니스의 제반 환경을 주요한 출제 자료로 삼는다.

출제 분야

> 어느 문제든 그 시험의 목적에 부합하는 출제 분야가 있기 마련이다. 토익은 국제적인 영어 소통 능력을 측정하는 것이 목적이다. 따라서 국가간, 내외국인간의 접촉이 이뤄지는 분야와 상황, 장소를 출제 자료로 삼는다.

1 여행 (Travel)

각종 대중교통 - 버스, 택시, 전철, 기차, 비행기, 배
자동차 렌탈 및 호텔 관련 예약과 연기 및 취소, 실내 안내방송, 기차 등의 시간표

2 유흥, 문화생활 (Entertainment)

콘서트, 연주회, 전시회, 영화, 연극 등

3 외식

4 기업 활동 (Business)

비즈니스 일반
재무
제조
사무
인사
테크놀러지

5 건강

종합병원, 개인병원, 약국, 의사, 약사, 처방, 운동 식이요법, 건강검진

토익 시험의 **구성**

구성	Part	Part별 내용	문항수	시간	배점
Listening Comprehension	1	사진 묘사	10	45분	495점
	2	질의 응답	30		
	3	짧은 대화	30		
	4	설명문	30		
Reading Comprehension	5	단문 공란 채우기	40	75분	495점
	6	장문 공란 채우기	12		
	7	1개의 지문	28		
		2개의 지문	20		
Total	7 Parts		200문제	120분	990점

2016년 5월 29일 이후 일부 구성 변화

듣기 평가에서는 기존 2자간 대화 이외에 일부 대화문에 3인 이상이 참여하는 대화가 새롭게 출제되고, 대화문 또는 설명문과 시각정보(도표, 그래픽 등)간 연관 관계를 파악하는 유형이 출제된다. 또한, 읽기 평가에서는 다수가 참여하는 문자 메시지, 메신저 대화, 온라인 채팅 대화문 등이 출제되고, 세 개의 연계 지문에 대한 이해도를 묻는 문항이 출제된다.

구성	Part	Part별 내용	문항수	시간	배점
Listening Comprehension	1	사진 묘사	6	45분	495점
	2	질의 응답	25		
	3	짧은 대화	39		
	4	설명문	30		
Reading Comprehension	5	단문 공란 채우기	30	75분	495점
	6	장문 공란 채우기	16		
	7	1개의 지문	29		
		2개 이상의 지문	25		
Total	7 Parts		200문제	120분	990점

2016 新 TOEIC은 일부 문항에 변경은 있다. 그러나 시험의 질과 난이도는 그대로 유지되며 시험 시간 및 990점 만점의 점수 체계는 변화가 없으므로 기존 TOEIC의 700점과 2016 新 TOEIC의 700점은 동일한 의미를 갖는다. 따라서 일부 지문의 유형의 변화만 있을 뿐 토익을 통해서 묻고자 하는 바는 전과 동일하므로 시험을 대비하는 방식도 동일하다고 볼 수 있다.

Unit 02 토익 Part 5, 6 단 하나의 전략 : 원리 이해

토익 Part 5, 6은 문장의 공란을 채우는 문제로 각각 단문과 장문에서의 공란을 채우는 문제이다. 하지만 **공란에 단어를 채워 넣는 점에서는 동일한 문제유형**으로 볼 수 있다. 즉, **기본적인 문제풀이 전략이 동일**하다. 리딩파트에서 Part 5, 6은 가장 문항수(52문제)가 많기 때문에 높은 점수를 위해서는 출제 원리에 따른 문제풀이 습관이 중요하다. 또한 장문독해인 파트 7을 시간 내에 푸는 것이 관건이기 때문에 파트5, 6을 빠른 시간 내에 풀수록 높은 점수를 받을 가능성이 높다.

만약 파트5, 6의 문제 풀이 시간이 충분하다면, 주어에서부터 순서대로 천천히 읽으면서 풀면 된다. 그러나 토익이 요구하는 문제풀이 속도는 **조금 과장해서 말하면, 원어민 수준의 속도를 요구**하기 때문에 쉽지 않다. 실제로 토익 주관사인 ETS에서 밝힌 파트 5의 배정시간은 20분, 파트6은 5분이다. 따라서 두 파트를 합쳐 25분 이내로 문제를 풀어야 한다.

그러므로 답을 표시하는 시간을 빼고 나면 거의 문제 당 평균 25초 안에 풀어야 한다. 그러나 실제로 토익시험을 준비하는 수험생들의 독해 속도는 그렇게 빠르지 않다는 것이 문제다. 그래서 전체 문장을 다 읽고 풀게 되면 파트7 독해 시간에 많게는 20문제 정도 찍게 되는 경우가 발생하게 된다. 토익 리딩파트 100 문제를 푸는데 주어진 시간은 75분이니 **만약 파트 5, 6에서 조금이라도 지체한다면 파트 7은 거침없이 문제를 풀어도 끝에 찍기로 마무리해야 답안지라도 제출할 수 있다.** 하지만 토익의 **독해지문은 지문내용에 대한 사실적인 정보를 묻는 문항**이 대부분이므로 시간이 조금 더 확보가 되면 답을 구할 수 있다. **찍기로 마무리하기에는 너무 아깝다.**

따라서 파트 5, 6을 **최대한 빠르게 푸는 것이 중요**하다.

파트5,6 을 빠른 시간 내에 풀려면, **생각(판단)하는 시간을 줄여야 한다**. 이는 문제 유형별 분류(출제유형에 따른)를 통해 가능하다. ❶분류화와 ❷습관화를 통해 머릿속 산재되어 있는 지식에 색인(Index)을 만들어 주어 속도를 높이는 것이다.

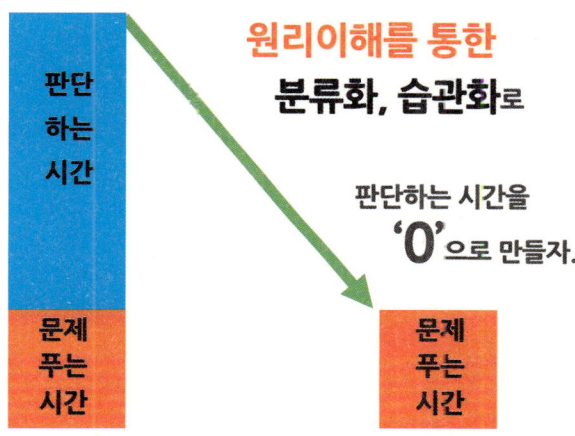

우리는 매일 아침에 세수를 하고 양치질을 한다. 거의 대다수의 사람들은 각자의 규칙이 있다. 만일 여기서 매일 아침 '어떻게 이를 닦을까?' '세수는 어떻게 하는 것이 좋을까?'하고 생각해야 한다면 시간이 아무리 많아도 부족할 것이다. 이와 같이 바쁜 아침시간에는 무의식적으로 습관화된 행동들을 통해 시간을 줄인다. 토익 파트5,6도 이렇게 습관화를 통해 문제풀이시간을 단축해야 한다. 아무 생각 없이 전체 문장을 다 읽고 풀게 되면 파트7 독해 시간에 10문제에서 많게는 20문제 정도까지 찍게 되는 경우가 발생하기 때문이다. 그러나 정답이 된다는 이유로 아무 생각 없이 규칙과 공식을 외워서 속도를 높이는 것이 아니라 영어문장이 만들어지는 원리에 기반한 공식으로 ❶분류화, ❷습관화여야 한다. 그것이 진정한 기술이다.

실제 문제를 통해 이러한 기술을 적용해보자.

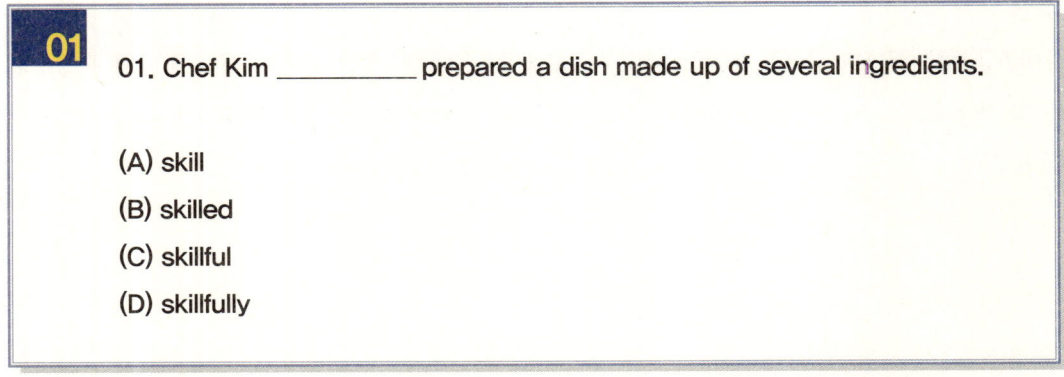

문장을 먼저 읽을 것이 아니라 우선적으로 선택지 (A)에서부터 (D)까지를 보고 '같은 단어(skill)의 변형'으로 이루어져 있음 파악해야 한다. 파트 5, 6의 문제를 분류하면 세 가지 밖에 없는데 그 중 선택지가 같은 단어를 가지고 변형된 것이면 **'문장구조'**를 묻는 문제이다. 문장구조를 묻는 문제는 원리만 이해하면 3초 안에 풀 수 있다.

따라서 ❶분류화를 통해 문제접근 시간을 단축해야 한다. 그 다음 원리이해를 통해 정답이 되는 이유를 ❷습관화해야 한다.

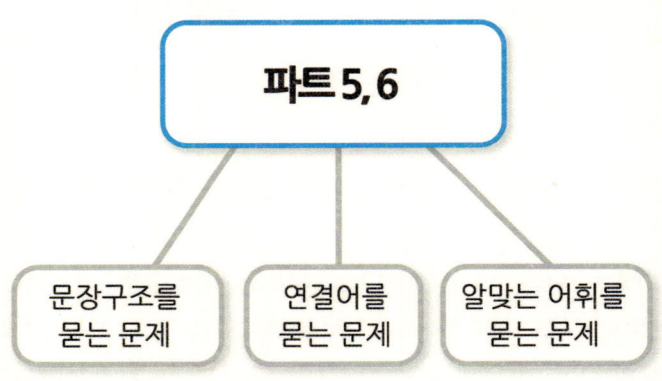

빈칸 앞뒤를 보니 주어(명사)와 동사로 이루어져 있다. 빈칸을 제외한 문장을 주어에서 순서대로 그림을 그리면 다음과 같다.

Chef Kim prepared a dish made up of several ingredients.

요리사 Kim ▶ 준비했다 ▶ 요리 ▶ 구성됨(made up) ▶ of ▶ 다양한 재료들

주어에서부터 가까운 순서대로 그림을 그리면 주어 다음에는 동사가 오는 것이 매우 자연스럽다. 즉 위 문제의 빈칸은 없어도 되는 말이다. 문장구조에서 없어도 되는 말은 '부사'로 동작의 정도를 말해주는 말로 동사와의 어울림이 중요하다. [unit06에 자세히] 따라서 정답은 동사 prepare(준비하다)와 잘 어울리는 부사 (D) skillfully(능숙하게)이다.

> 사실 토익은 복잡한 문장구조 지식을 요구하지 않는다. 영어 문장을 이루는 아주 기본적인 것만 묻는다. 즉 문장이 성립되는 가장 기본적인 요소인 주어(명사)와 동사에 대한 것이 거의 대부분이며 이러한 기본적인 요소가 충족되면 그 외에 해당하는 '부사'에 대해 묻는다. 결국, '부사'를 묻는다는 것은 기본적인 문장구조를 파악하고 있는지를 묻는 셈이다. 부사를 포함한 이러한 문장구조를 묻는 문제는 숙달되면 3초 안에 풀 수 있다. 파트7 한 문제를 더 맞출 수 있는 시간을 버는 셈이다. 이렇게 첫 눈에 바로 맞힐 수 있는 문제들을 최대한 많이 만들어 놔야 한다.

토익 파트 5,6는 **정해진 출제원리가 있다.** 그 출제원리를 알면 앞의 문장을 다음과 같이 출제할 수 있다. (독자들도 이 책을 끝까지 완독하면 필자와 같은 토익의 출제원리를 이해하게 될 것이다.)

---

02   Chef Kim skillfully _____ a dish made up of several ingredients.

(A) prepared
(B) is prepared
(C) to prepare
(D) preparing

선택지를 먼저 보니 (A)에서 부터 (D)까지 같은 단어(prepare)의 변형으로 이루어져 있다. 따라서 파트 5,6의 세 가지 유형 중 문장구조를 묻는 문제이다. 구조를 묻는 문제는 파트 5,6의 과반수에 가까울 정도로 출제비율이 높으며 원리만 알면 쉽게 답을 구할 수 있으므로 놓치지 말아야 하는 유형이다.

주어에서부터 순서대로 이해하면, 주어인 '요리사 Chang'다음에 동사가 나와야 한다. 따라서 빈칸은 '동사'자리이다. 그러나 선택지 중, 동사의 변형형태인 (C) to prepare와 (D) preparing는 동사의 역할만 하는 것이 아니고 연결어 역할도 하기 때문에 엄밀히 따지면 동사가 아니다. [unit12에 자세히] 그러므로 정답에서 제외하면 동사인 (A)와 (B) 선택지 중에 정답이 있다. (A)와 (B)의 차이는 주어에서 나가는 힘의 방향에 있다.

이 문제의 출제원리를 좀 더 이해해 보자.

영어에서 **주어 다음에 나올 수 있는 말**로는 무엇이 있을까 한번 생각해보자. 바로 주어가 '**존재한다**'거나 '**움직인다**'거나 하는 딱 두 가지밖에 없다. **존재함은 'be동사', 움직임은 '동사'로 표현된다.** 이렇게 영어에는 항상 주어라는 존재가 먼저 있고, 그 존재가 '어떠한 상태로 있는가'가 어순상 그 다음이다. 어떤 존재가 일단 있어야 그 다음으로 그 존재가 움직이든 어떤 상태이든 될 수가 있는 것이니, 이는 매우 상식적이고 논리적인 순서이다.

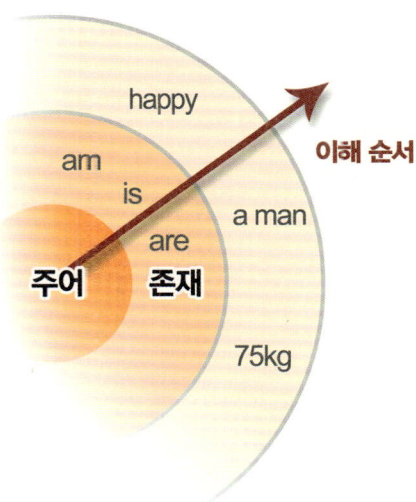

즉, 주어가 어떠한 구체적인 상태로 되어 놓여 있는 것보다 주어에 더 가까운 것은 바로 주어의 '**존재**' 그 자체이다. **be 동사**가 바로 그 주어라는 '**존재**'를 보여주는 것이고, 그 뒤에 따르는 말들은 그 존재가 밖으로 표현된 '**구체적인 상태**' 이다.

그래서 "**나는 학생이다**"라고 할 경우 한국말로는 '나는+학생+이다'의 순서이지만, 영어에는 조사도 없으므로 '**나 ▶ 이다 ▶ 학생**'의 순서로 "I am a student"가 되는 것이다.

이러한 '**주어 중심적 사고**'는 "I know him."이라는 문장에서도 엿볼 수 있다.

이 문장은 '**주어 ▶ 동작**(동사) **▶ 대상**(목적어)'의 순서이다.

즉, 주어인 '**나**'가 존재하고, 다음으로 그가 취한 '**알다**'라는 행위가 있으며, 그 다음 그 행위가 닿은 대상으로 '**그**'인 어순이다. 주어인 '**나**'의 입장에서는 '**알다**'는 동작이, 그로 인해 영향을 받게 되는 대상 '**그**'보다, 나 자신에게 더 가깝다는 물리적 이해가 고스란히 적용된 어순인 것이다. 이렇게 말이든 글이든 철저히 주어 중심으로 해서 순차적으로 확산되어 나가는 게 원어민의 언어사고이다. 따라서 우리말의 "**나는 그를 안다**(주어+목적어(대상)+동사)"가 영어로는 '**나 ▶ 안다 ▶ 그**'일 수밖에 없음은 어찌보면 너무도 당연한 순서인 것이다.

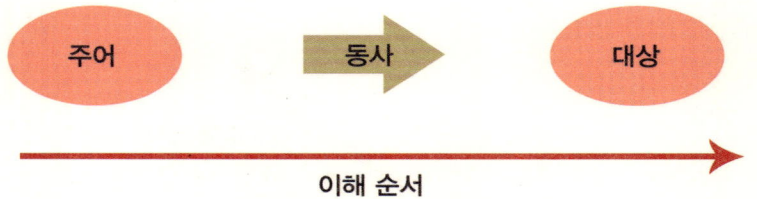

통상 '**주어 ▶ 동사 ▶ 대상**'의 어순은 주어에서 힘이 발산이 되고 그 힘의 영향을 받는 대상인 대상(목적어)이 오는 경우지만, 반대로 주어가 힘을 받게 되는 경우도 있다. 이때 문장의 모습은 '**주어+be+동사의 과거분사**'가 된다.

A man is carried by rescue workers

한 남자 ▶ 옮겨지다 ▶ by ▶ 응급구조대원들

주어는, 지금 누워 있는 한 남자이다. 그 남자가 옮겨지는(carry) 힘을 받고 있다. 이렇게 주어 다음에 동사가 나올 경우 먼저 '**힘을 가하는지**' 또는 '**힘을 받는지**'를 파악하는 것이 중요하다. 그렇게 한 남자가 carry하는 동작을 받는 상황에서 그 힘의 근원을 나타내는 전치사 **by**와 **rescue workers**가 이어지고 있다.

위에서 **carried**는 carry(나르다)의 과거분사 형태인데, 사전에 carry를 찾아보면 (carry-carried-carried) 이렇게 세 종류가 표시되어 있을 것이다. 세번째 종류를 '**과거 분사**'라고 하는데 과거분사는 '**어떤 동작이 이미 완료되었음**'을 뜻한다. 이러한 '**be+과거분사**'의 형태를 학교에서 수동태라고 배웠을 것이다. 그러나 능동태니 수동태니 하는 문법 용어

갖다 붙일 필요 없이 그냥 '**주어에서 힘이 나갈 때**'와 '**주어가 힘을 받을 때**' 이렇게 구분하면 간단하다. 여기서 문법 용어 하나 아는 것보다 더 중요한 건, 왜 주어가 힘을 받을 경우 '**be+과거분사**'의 형태를 가지느냐를 이해하는 것이다.

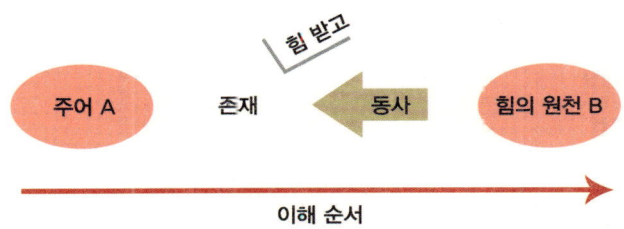

그 이유는 간단하다. 주어가 힘을 받을 경우 그 주어는 가만히 있게 된다. 그래서 존재를 나타내는 **be**동사가 나온다. 그리고 가만히 있는 가운데 어떤 힘이, 즉 어떤 동작이 주어 쪽으로 가해진다. 주어가 동작을 느낄 때는 이미 그 동작은 종점에 도달한 것이다. 그래서 동작의 완료를 나타내는 동사의 세 번째 형태인 과거분사 형태를 사용하는 것이다.

우리말로는 뒤에서 힘을 가하는 힘의 원천으로부터 해석을 거꾸로 시작해서 '**B에 의해서 A가 ~되다**'라고 하지만, 어순 그대로 주어에서부터 순서대로 이해를 하면 당연히 '**주어 ▶ be ▶ 과거분사 ▶ 힘의 원천**'이 되어야 한다. 이렇게 힘의 연속성에 따라 주어에서부터 순차적으로 이해를 해야만, '**be+과거분사**' 뒤에 왜 전치사 **by**가 오는지도 저절로 이해가 된다.

'**주어 ▶ be ▶ 과거분사**'가 주어에서 가해진 힘을 순서대로 그려냈다면, 그 다음에는 힘이 어디서 나왔는지, 그 힘을 누가 가했는지가 나오는 건 너무나 당연한 순서 아닌가. 여기서 원어민의 사고방식 속에서 **by**가 어떤 의미를 가지는지 분명히 드러난다. 즉 **by**는 뒤에서부터 거꾸로 해석해서 '**~에 의해서**'라고 할게 아니라, 다음 그림에서 알 수 있듯이 앞에 일어난 '**동작(힘)의 원천**'이 무엇인지, 그걸 나타내는 것이다.

> 토익 파트 5,6은 이와 같이 말이 만들어지는 원리에 대해 주로 묻는다. 따라서 아무 생각 없이 공식만 암기하지 말고 원리이해를 통해 풀자.

다시 문제로 돌아오면, 이러한 원리(힘의 방향)를 적용해서 풀면 다음과 같다.

02 Chef Kim skillfully _____ a dish made up of several ingredients.

(A) prepared
(B) is prepared
(C) ~~to prepare~~
(D) ~~preparing~~] 빈칸은 동사자리여서 동사변형은 오답이다

(B)는 주어가 힘을 받는 경우(be+동사+ed)로 문맥상 요리사가 준비를 당하는 동작이니 말이 안 된다. 그리고 보통 주어가 힘을 받으면 그 다음은 '대상(명사)'이 아닌 전치사 by가 오는 경우가 많다. 따라서 정답은 (A)이다. 이번에는 반대로 (본)동사가 아닌 '**동사변형(동사+ing, 동사+ed, To+동사)**'에 대해 출제를 해보자.

03 Chef Kim skillfully prepared a dish _____ up of several ingredients.

(A) to make
(B) making
(C) made
(D) makes

'주어+동사'로 이루어진 기본문장에서 '말 늘리기'를 할 경우에는, 관계사나 접속사를 연결고리로 해서 다시 '**주어+동사**'로 말을 늘린다. 이렇게 연결어를 통해 다시 '**주어+동사**'의 기본단위로 말을 늘리는 것이 일반적이다. 하지만, 기본문장에서 말 늘리기를 할 경우에 관계사 또는 접속사, 주어, 조동사가 생략해서 표현하기도 한다. 생략해도 의미의 변화가 없거나, 가장 중요한 본론에 해당하는 단어를 주어와 가까이 놓음으로써 이해의 속도를 높일 수 있다면 과감히 생략해버린다. 그래서 만들어진 것이 '동사+ing, 동사+ed, To+동사'이다.

> 다시 말해, 영어문장에서 '동사+ing, 동사+ed, To+동사'를 만나면 **동사의 역할과 생략된 연결어(관계사 또는 접속사)의 역할을 동시에 한다**고 볼 수 있다.

기본적으로 문장이란 주어와 동사가 각각 하나씩 있어야 하고 **연결어(관계사, 접속사 등)**가 있으면 다시 문장이 연결되므로 동사가 하나 더 있어야 한다. 특이한 것은 동사변형(**동사+ing, 동사+ed, To+동사**)은 연결어의 기능과 동사의 기능을 합친 것으로 연결어 없이 동사의 개념이 나올 수 있는 수단이 된다.

다음의 문장이 단축되는 과정을 통해 원리를 이해해 보자.

She could not walk <u>because she was wounded</u> in the legs.

　　　[연결어] + 주어 + be + [동사+ed]　문장 연결어 접속사가 있으므로 '**주어+동사**'의 기본개념이 하나 더 왔다.

▷ She could not walk <u>being wounded</u> in the legs.

　　　be+ing+[동사+ed] 접속사와 주어가 생략되고 was ▶ being이 되었다.

▷ She could not walk <u>wounded</u> in the legs.

　　　[동사+ed] being을 생략했다. [영어문장에서 being은 거의 생략된다]

위와 같이 단축되는 과정을 거쳐 나온 것이 **동사변형(동사+ed)**이므로 글을 읽다가 **동사변형(동사+ing, 동사+ed, To+동사)**을 만나면 (단축된) 새로운 문장이 연결되겠구나 하면 백발백중이다.

이제 원리를 알았으니 이를 통해 문제를 풀어보자.

03

Chef Kim skillfully prepared a dish _____ up of several ingredients.

(A) to make
(B) making
(C) made
~~(D) makes~~   빈칸은 동사변형자리여서 동사는 오답이다

위의 문장은 주어가 **Chef Kim**이고 동사가 **prepared**이고 연결어가 없는 문장이므로 선택지 중 동사가 올 수 없고 연결어의 기능과 동사의 기능을 합친 동사변형이 와야 한다. 따라서 동사인 (D)를 제외하면 선택지가 세 개 남는다. **동사변형(동사+ing, 동사+ed, To+동사)**일 때 가장 먼저 생각해야 하는 것은 **힘의 방향**(힘이 나갈 때와 힘을 받을 때)이다. 즉 앞의 단어인 **a dish**(요리)와의 힘의 관계를 생각해보면 답이 나올 가능성이 높다. 요리는 만들어 지는 것(◀)이므로 (C) **made**(◀)가 답이다.

이제 원리를 이해했으면, 공식을 만들어 보자.

> **선택지가 동사와 동사변형으로 이루어져 있을때** 연결어(관계사, 접속사)가 없으면 **동사는 하나**이다. 따라서 문장에 (본)동사가 있으면 동사변형, (본)동사가 없으면 **(본)동사가 답**이다.

이와 같은 원리이해를 통한 공식을 적용해서 다음 문제들을 풀어보자.

> **04** The resolution _____ by the City Council to eliminate smoking in public parks is getting mixed reactions.
>
> (A) suggest
> (B) suggests
> (C) suggested
> (D) suggesting

선택지를 보니 **동사와 동사변형(동사+ing, 동사+ed, To+동사)** 으로 이루어져 있다. 빈칸 뒤를 주~욱 보니 관계사 or 접속사 등의 연결어가 없으므로 (본)동사는 'is' 하나이다. 따라서 빈칸은 동사변형이 와야 하므로 (C) **suggested**와 (D) **suggesting** 중에 정답을 골라야 한다. 차이는 힘의 방향이다. 주어인 the resolution(결의안)는 **제안을 당하는 동작(suggested)이 일반적이므로 (C)가 정답**이다.

이러한 문제유형(동사와 동사변형)은 문장구조를 이해하고 있는가를 평가할 수 있는 기회이기 때문에 매회 출제가 된다. 하나의 원리를 이해함으로써 매번 출제가 되는 문제를 항상 맞히는 것만 아니라 더 나아가 영어의 듣기, 말하기, 쓰기, 읽기 모든 영역의 기본을 다질 수 있다. 여태까지 공부했던 영혼 없는 공식 암기는 금방 잊어먹거나 헷갈리기 마련이어서 실전에서 적용하기 힘들뿐만 아니라, 토익공부, 영어공부를 따로 해야 하는 비효율적인 구조다. 그러나 이와 같이 말이 만들어지는 원리를 이해하는 것만으로도 쉽고 정확하게 문제를 풀 수 있다. 또한 응용력도 자연스럽게 생겨 파트 5, 6의 들어가는 시간과 노력을 아껴준다.

> 토익 파트 5, 6
> 문제풀이 **단 하나의 전략**은 '**원리이해**'이다.

Unit 03 토익 Part 7 문제풀이 전략 : 잘못된 독해 방법을 바로잡자.

Reading Comprehension	5	단문 공란 채우기	30	75분	495점
	6	장문 공란 채우기	16		
	7	1개의 지문	29		
		2개 이상의 지문	25		
Total	7 Parts		200문제	120분	990점

토익 Part 7은 독해파트로 단일지문 또는 이중지문으로 구성된 지문을 읽고 문항에 맞는 답을 골라야 한다. 거의 한 문제당 1분 안에 풀어야 하므로 시간이 매우 부족하다. 그러므로, 앞서 언급했듯이 Part 7을 잘 풀려면, 우선적으로 **Part 5, 6를 최대한 빨리 풀어 나머지 시간을 확보**해야 한다. 하지만 이것은 다분히 전략적인 부분이고 급할수록 평소에 근본적인 독해실력을 높여야 한다.

세상 일이 다 그러하듯 테크닉적인 부분보다 평소 공부는 기본기에 충실한 공부여야 한다. 영어 독해에 있어서 그러한 기본기는 사실 한 문장 한 문장을 바르게 이해하는 것이다.

그러나 한 문장 한 문장씩 이해하는 것, 즉 구문독해가 핵심이라는 것을 알더라도, 영어를 이해하는 방법 자체에 문제가 있다면, 즉 영어를 이해하는 방식이 고속도로에서 역주행하는 것과 같다면 속도를 내면 낼 수록(열심히 하면 할수록) 더욱 위험한 상황에 놓이게 된다.

우리 영어의 가장 큰 문제점은 이렇게 자신이 영어를 거꾸로 공부하고 있는지도 모르고 그저 열심히 해왔고 지금도 하고 있는 것이다. 영어공부를 잘 하기 위해서는 이해를 잘 해야 하고, 그러기 위해서는 기존 영어 공부 방법의 가장 큰 문제인 거꾸로 해석법을 바로잡아야 한다.

예를 하나 들어 보자. 그림과 함께 긴 문장을 가져왔다.

A tennis player laughs over a bird sitting on the line of the court during the match which has to be paused.

기존에 하던 대로 독해를 하면, 일단 한 번 읽는 것이 예의이고 보통 그 후에 제일 뒤에 있는 단어에서부터 해석을 시작한다.

중단되어야만 했던 경기 동안에 한 테니스 선수가 코트의 선 위에 앉은 한 마리 새를 내려다보고 웃는다.

참 잘한 번역 일 수도 있지만, 사실은 단어가 나오는 순서대로 첫 단어에서부터 마지막 단어까지 차례차례로 이해를 할 수 없다면 제대로 된 영어를 했다고 말할 수 없다.

(1) A tennis player ▶ (2) laughs ▶ (3) over ▶ (4) a bird ▶ (5) sitting ▶ (6) on ▶ (7) the line ▶ (8) of ▶ (9) the court ▶ (10) during ▶ (11) the match ▶ (12) which ▶ (13) has to ▶ (14) be paused.

무엇보다 바로잡아야 할 대상은 일반 단어들이 아니라 단어와 단어 사이에 **빨간색**으로 표시한 부분, 즉 연결 고리 역할을 하는 '**기능어**'들이다. 전치사, 접속사, 관계사, 분사구문, 조동사 등의 '**기능어**'에는 약 100단어 정도가 있지만, 모든 문장 구성에서 그 사용 비율은 **50%**에 육박한다.

어떤 분야의 영어든 변하지 않는 골격에 해당하는 말들이 바로 이 '**기능어**'이다. 이렇게 변하지 않는 것을 먼저 바로잡는 것이 가장 효과적인 방법이다. 즉, 이 기능어들을 원어민 방식대로 단어가 나온 순서대로 이해를 해야 한다.

도대체 이게 뭐가 중요하냐 할 수 있겠지만, 보통 수험생들이 자주 하는 끊어 읽기 해석법을 분석해 보면 답이 나온다.

A tennis player / **laughs** / **over a bird** / **sitting on the line of the court** / **during the match** / **which has to be paused.**

처음 좌에서 우로 읽어 나가면서 해석 1) **A tennis player-테니스 선수** ▶ 2) **laugh-웃는다** 까지는 별문제가 안 된다.

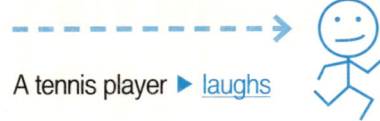

A tennis player ▶ laughs

그러나 **over a bird**를 해석하는 순간 눈이 좌에서 우로 갔다가 다시 우에서 좌로 와서 머릿속 단어의 한글 해석 뜻과 조합한다.

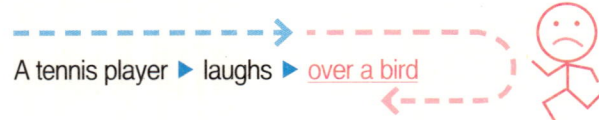

A tennis player ▶ laughs ▶ over a bird

3) over ▶ 4) a bird 순서대로 눈이 인식하고 다시 5) a bird-한 마리 새 6) over-위에서 이런 과정을 거쳐서 '새 위에서'가 만들어진다. 일단 시간상 2배가 걸린다. 그리고 뒤의 문장을 만나면 7) sitting ▶ 8) on ▶ 9) the line ▶ 10) of ▶ 11) the court 이 순서대로 눈으로 보고 다시 뒤에서부터 12) court-코트 ▶ 13) of-의 ▶ 14) the line-선 ▶ 15) on-위에 ▶ 16) sitting-앉아있는 ▶ 17) a bird-새 (심지어 다시 끊어진 선을 넘어 bird라는 단어를 다시 봐야 한다!) 우리의 눈과 머리가 무슨 자명종 시계도 아닌데 왔다 갔다 하느라 고생이 많다.

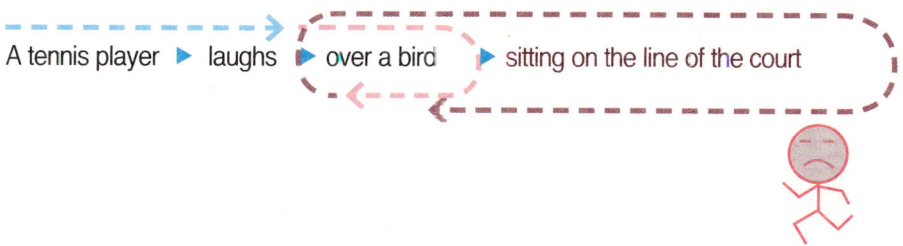

18) during ▶ 19) match ▶ 20) the match-경기 ▶ 21) during-동안 ▶ 22) which ▶ 23) has to ▶ 24) he paused ▶ 25) be paused-멈춰짐 ▶ 26) has to-해야하는 ▶ 27) which-그것(경기)

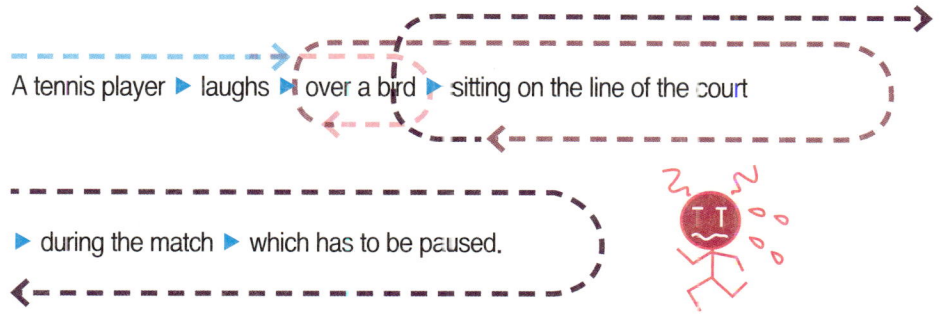

순서대로 바르게 이해를 한 것보다 2배에 가까운 단계이니 빠른 속도로 읽어 갈 수가 없고 공부하면 할수록 머리가 복잡해질 수밖에 없다.

토익 파트7 지문이라고 언어가 아닌 것이 아니다. 해석 속도가 느리고 단어도 다 아는데 이해가 안 되는 것은 **우리의 구문 독해 방법은 잘못되었기 때문이다. 원어민의 방법으로 바로잡자.**

그러면 앞에 나왔던 긴 지문을 원어민 방식대로 적용하여 단어가 나온 순서대로 이해 해 보자.

(1) A tennis player ▶ (2) laughs ▶ (3) over ▶ (4) a bird ▶ (5) sitting ▶ (6) on ▶ (7) the line ▶ (8) of ▶ (9) the court ▶ (10) during ▶ (11) the match ▶ (12) which ▶ (13) has to ▶ (14) be paused.

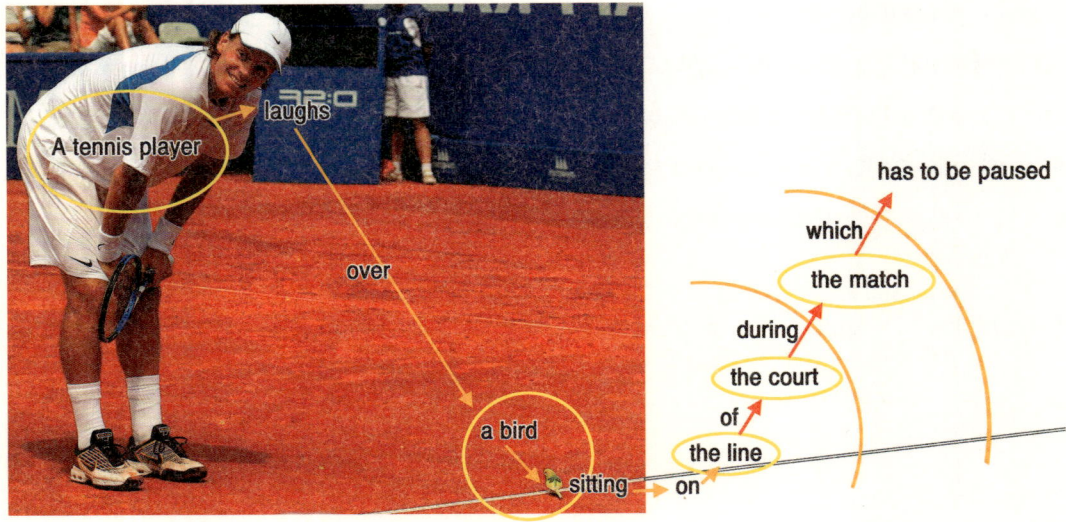

그림으로 보면 주어인 한 테니스 선수(A tennis player)가 보인다. 이 테니스 선수가 어떻게 하고 있나 보니 웃고 있다(laughs) 그리고 선수가 위에 있고 아래 있는 것(over)은 한 마리의 새(a bird)고 그 새가 앉아 있는데(sitting) 접하는 대상(on)은 선(the line)이다. 선이 연관된 것(of)은 코트(the court)이고 그림 밖으로 나와서 확장하면 그때 진행된 것(during)은 경기(the match)이다. 그리고 그것이(which) 해야만 하는 바(has to)는 중단 됨(be paused)이다.

이렇게 하다 보면 영어는 주어에서 순서대로 나아가면서 그림, 동영상을 그린다는 사실을 깨달을 수 있을 것이다. 이렇게 사고방식 자체를 바꾸어야만 영어를 제대로 할 수가 있다. 기존에 어떤 방법으로 공부했든 지금까지 했던 방식으로 잘되지 않았다면, 잃을 게 별로 없으니 한번 바꿔 보자. 바로 우리말을 하듯, 앞에서 나온 순서대로 이해를 해보자는 것이다. 그냥 이해가 아니라, 단어 순서대로 그림을 그려 보는 것입니다.

(1) 한 테니스 선수 ▶ (2) 웃고 있다 ▶ (3) 위에서 있고 아래에 있는 것은 ▶ (4) 한 마리의 새 ▶ (5) 앉아 있는데 ▶ (6) 접하는 대상은 ▶ (7) 선 ▶ (8) 관련된 것은 ▶ (9) 코트 ▶ (10) 그때 진행 중인 일은 ▶ (11) 경기 ▶ (12) 그것이 ▶ (13) 해야만 하는 바는 ▶ (14) 중단됨

한국말로 어색해도 이해를 하는 데는 전혀 문제가 되지 않는다. 이렇게 우리는 바로 읽자마자 듣자마자 이해하고, 생각하는 바를 영어로 바로 옮길 수 있는 면 된다. 이것이 원어민 방식이다.

처음에는 어색하더라도 이 방법만이 영어를 바로 잡는 최고의 방법이라고 생각하고 이런 방법으로 영어의 전체 골격도 이해하고, 동시에 내부의 세부적인 핵심 부분도 바로 잡아 나간다고 보면 된다.

[기억할 것은, 영어는 어렵게 고민하면서 문법적으로 접근해서 풀어야 하는 것이 아니라 딱 한 가지 법칙, 즉 **"주어에서부터 순서대로 그림(동영상)을 그린다."** 라는 사실이다. 다시 한 번 강조하지만, 영어는 주어부터 순서대로 나온 대로 차근차근 그림을 그려가 보면 이해할 수 있게 되어 있다.]

다른 문장을 가지고 주어에서 순서대로 그림을 그리면서 이해해 보자.

John goes for a shot over Phil in the NBA game at American Airlines Center in Dallas, Texas.

텍사스, 댈러스에 있는 아메리칸 에어라인 센터에서 벌어진 **NBA** 경기에서 존이 필 위에서 슛을 넣기 위해 간다.

이 정도로 해석을 했다면 썩 괜찮은 해석이라고 볼 수 있다. 그런데 문장 제일 뒤에 있는 **Texas**부터 거꾸로 거슬러 올라오며 이해하는 것이 참으로 놀라울 따름이다.

이제는 기존의 습관을 버리고 주어에서부터 그림(이미지)를 그리며 순서대로 해석을 해보면 어떨까?

존 ▶ 나아간다 ▶ for ▶ 슛 ▶ over ▶ 필 ▶ in ▶ 한 NBA 경기 ▶ at ▶ 미국항공센터 ▶ in ▶ 댈러스 시 ▶ 텍사스

이제 우리말로 옮긴 단어들 사이사이의 영어단어들을 필자가 나름으로 새롭게 해석해서 나아가 보겠다.

주어는 존이라는 농구 선수이다. 그 선수가 나아간다(goes). 그리고 목표로 하는 바는(for) 슛(a shot)이다. 그 선수의 위치는 위에서 덮고 있고 아래에 있는(over) 사람은 필이라는 선수이다. 그들이 안에 있고 둘러싼 것은(in) 한 NBA 경기이고 그 경기가 열리는 장소(at)는 미국항공센터 라는 경기장이다. 그 경기장 밖으로 나가보니 댈러스 시이고 댈러스 시가 속한 곳은 텍사스 주이다.

이제 앞에서 순서대로 차근차근 이해해도 가능하다는 생각이 드는가? 그리고 이렇게 순서대로 이해하는 방식이 이상한 방법이 아니라 당연한 것처럼 느껴지지 않는가?

이제 글자에서 그림으로 시각화하여 연습해보자.

John goes for a shot over Phil in the NBA game at American Airlines Center in Dallas, Texas.

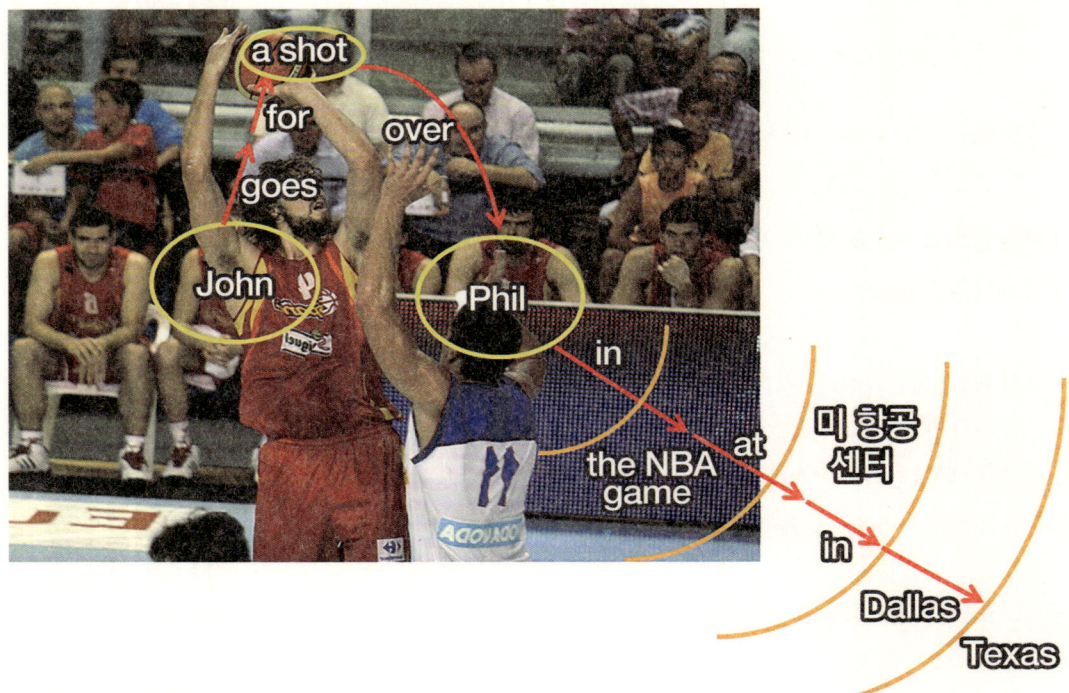

영어란 언어는 우리말의 순서를 거꾸로 하여 어떻게 해봐야 하는 골칫덩어리가 아니라 위와 같이 **주어(John)에서부터 단어 순서대로 그림을 그릴 수 있는 멋진 그림 그리기 도구**와 같다. 이를 일부 조각그림으로 만들면 다음과 같다.

이러한 조각그림의 방식은 **영국에서 자국민들 가운데 청각장애인들에게 영어를 가르치는 방법**이다. 이 방법은 어린아이가 아닌 이미 성인이 된 사람들을 대상으로 한 방법으로, 중요한 것은 영어를 가르칠 매개가 될 만한 다른 언어가 전혀 없는 상황에서 영어를 가르친다는 점이다. 과연 아무 것도 설명할 만한 방법이 없는 상황에서 다 큰 성인에게 어떻게 영어를 가르칠 수 있을까? 바로 이러한 조각된 그림을 사용한다는 것이다. 그리고 그 그림을 철저히 단어 순서대로 나열한다.

원어민도 이런 방식으로 영어를 가르키고 배운다. 따라서 거꾸로 뒤집는 영어는 그만하고 우리도 이렇게 공부하자.

반드시 순서대로 읽어야지만 리딩속도를 높일 수 있다.

❶ 제일 먼저 해야 되는 것은 이러한 기본기에 충실한 독해공부이다.

❷ 그 다음으로 토익 문제풀이 속도를 높일 수 있는 방법은 **'문제유형별 학습'을 통해서 리딩 시간을 단축할 수 있는 방법**이 있다.

토익은 가장 보편적이고 표준적인 비즈니스 영어이므로, **소재가 한정적이다.** 따라서 자주 **출제되는 지문유형을 미리 알고 있으면 쉽고 빠르게 답을 구할 수 있는 경우가 많다.** 예를 들어 다음 페이지에 나오는 여행 일정표(travel itinerary)의 경우를 보자.

Question 01-02 refers to the following travel itinerary.

▶ 어떤 종류의 지문인지 알려준다. 이 지문은 여행 일정표(travel itinerary)이다.

Travel Itinerary for John White, International Representative for Baltsworth Inc.

- Depart: 10:00 a.m. (local time) from JFK Airport, New York City on Air Italia Flight IT789 – with a stopover at Heathrow International Airport in London, England
  Arrive : 12:00 p.m. (local time) Rome, Italy

- Transportation to hotel: Airport Limousine

① - Lunch: 1:30 p.m., Casa Giovanni in the hotel lobby

- Converence: begins at 2:00 p.m., "Italian Trade Negotiations post EU membership:
What the Euro has done for Italy"

Tour of local factories:
4:00-5:00 p.m. the Vatican, Diplomatic Relations Office
6:00-7:00 p.m. meeting with Giancarlo Podda regarding partnership initiatives

② Welcoming reception and dinner for international correspondents: 7:30 p.m., Hotel Nardizzi, Guest speaker: Sergio Sacco – Director of Italia Networks Inc.

여행일정표는 시간순서대로 정보가 단순 나열되는 형식이다. 질문을 보면 둘 다 점심은 어디서 먹는지? 등의 개별적이고 구체적인 정보를 묻고 있으므로 시간 순서대로 나열된 정보 속에서 알맞은 정보를 찾으면 된다. 숙달되면 시간을 단축해주는 요인이다.

01
Where will Mr. White have lunch?

(A) Heathrow International Airport
(B) Casa Giovanni
(C) The Diplomatic Relations Office
(D) Hotel Nardizzi

01. 어디에서 점심을 먹는 질문이므로 점심(lunch)이라는 키워드를 중심으로 지문에서 정보를 찾아야 한다. 지문의 가운데에 lunch라는 키워드가 있으므로 그 내용을 자세히 보면 Casa Giovanni에서 점심을 먹는 것으로 예정되어 있으므로 정답은 (B)이다.

이렇듯 개별적이고 구체적인 정보를 묻는 질문 유형은 이와 같이 키워드(lunch) 중심으로 지문에서 찾으면 된다.

02
What is scheduled to take place in the Nardizzi?

(A) A business meeting
(B) A welcoming event
(C) A visit to the Vatican
(D) A personal presentation

02. 'Nardizzi'에서 일어나는 일을 묻는 질문이므로 키워드를 'Nardizzi'로 하고 지문 속에서 정보를 찾으면 마지막에 'Welcoming reception and dinner'가 'Nardizzi'에서 일어난다고 기술되어 있으므로 정답은 (B) A welcoming event이다.

이렇듯 토익은 가장 보편적인 비즈니스 영어상황에서 출제가 된다는 점을 알고 보면, 그에 따른 지문 유형도 한정적이다. 예측가능한 범위의 내용이므로 때에 따라서는 전체 지문을 읽지 않고 필요한 부분만 발췌해서 빠르게 읽으면 쉽게 답을 구할 수 있는 경우도 많다.

위의 지문은 '여행 일정표'이므로 여행 일정의 정보가 나열된 글이다. 따라서 구체적인 여행일정 사항을 묻는 질문밖에는 할 수 없고 여행일정에는 '호텔이름 등, 대문자로 나오는 고유명사'를 키워드로 지문을 읽으면 쉽게 답을 구할 수 있다.

정리하면

❶ 잘못된 독해 방법을 바로잡자 '주어에서부터 순서대로'
❷ 지문 유형을 숙지해서 문제풀이 속도를 높이자.

Chapter 02

원리 간 알면 쉽게 푸는 문장구조 문제풀이 비법 – Part 5,6

Unit 04 원리만 알면 쉽게 푸는 명사덩어리 문제풀이 기술

문장구조를 묻는 문제는 [말이 만들어지고 원리를 알고 있는가]를 묻는 문제로 말이 구성되는 각각의 요소에 대해 묻고 있다. 따라서 그 요소를 중심으로 좀 더 면밀히 살펴볼 필요가 있다.

아래 사진과 문장을 통해 이러한 말이 구성되는 각각의 요소를 살펴보자.

A volunteer receives money from a woman in the market.

그림과 함께 문장을 보면 크게 ❶명사덩어리(노란색 동그라미)와 그 명사덩어리를 연결시켜주는 말(빨간색 선)로 구성되어 있으며, 연결시켜주는 말을 좀 더 세분화하면 ❷동사덩어리와 ❸연결어(전치사)로 나눌 수 있다. 그 외로는 동작의 정도를 나타내는 ❹부사가 있으나 이는 문장을 이루는 필수적인 요소가 아니므로 다음에 다루도록 하겠다.

따라서 문장을 이루는 요소를 정리하면 다음과 같다.

> ❶ 명사(덩어리)
> ❷ 동사(덩어리)
> ❸ 연결어

토익에서는 문장을 구성하는데 꼭 필요한 기본 요소인 명사와 동사 그리고 이를 연결해주는 연결어에 대해 주로 묻는다. 연결어는 '**어휘**'라고 생각하면 결국 파트 5, 6에서 문장구조를 묻는 문제는 명사와 동사에 대해서만 주로 묻는다고 해도 과언은 아니다. 토익을 빼고서도 명사와 동사만 제대로 알면 읽고 쓰고 듣는데 많은 부분이 해결되므로 명사와 동사를 확실하게 안다면 당신의 영어는 중급 이상이다.

이러한 문장구조 요소 중, 명사(덩어리)가 가장 많이 출제가 되므로, 우선 이에 대해 공부해보자.

명사는 명사 앞에 어떠한 명사인지 말해주는 단어들과 [한 몸]처럼 구성이 되는데 이를 '**명사 덩어리**'라고 한다. 앞의 문장에서 주어인 '**명사**'는 volunteer(자원봉사자)이다. 이 자원봉사자의 수가 하나라는 것을 알려주기 위해 앞에 a가 붙어 (a volunteer)가 만들어 졌다. 이것이 명사덩어리이다. 이 자원봉사자가 아름다운 여성이므로 (a volunteer)를 좀 더 길게 만들면 (a beautiful volunteer)로 만들 수 있다. 이러한 **명사덩어리가 만들어 지는 원리**에 대한 문제가 토익파트5,6의 절대 다수를 차지하므로 확실히 알고 넘어가야 한다.

명사덩어리의 일반적인 형태는 다음과 같다.

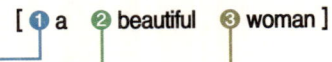
[❶ a ❷ beautiful ❸ woman]

처음에 올 단어는 위의 순서대로 명사덩어리의 ❶대략적인 정보('수량'이던가 알고있는 건지를 나타내는 '관사')이고 그 다음에 ❷형용사나 동사+ing, 동사+ed가 올 수 있고 마지막에는 명사덩어리 의미의 핵심이자 반드시 있어야 하는 단어인 ❸'명사'가 와야 한다.

이를 표로 만들면 다음과 같다.

선택 ❶	선택 ❷	선택 ❸
a/ the	형용사	명사
my/ your/ his/ its/ her/ their	동사 + ing	
many/ much/ all/ some	동사 + ed	
없음	없음	

*선택2는 중복선택가능하다.

복잡한 것 같지만 단순한 규칙만 익숙해지면 명사덩어리를 쉽게 만들 수 있다. 위의 표와 같이 1열(선택❶)에서 하나 선택, 2열(선택❷)에서 하나 또는 중복선택 그리고 마지막으로 3열(선택❸)에서 하나를 선택하면 된다. 이 원리에서 문장구조를 묻는 문제의 **30%**가 출제되므로 아래 쉬운 단어를 가지고 충분히 연습해보자.

> a, the, my, many, nice, shocking, shocked, thing, man, people, some, his, my
>
> (1) a man ▶ a nice man ▶ a nice shocked man
>
> (2) the thing ▶ the shocking thing
>
> (3) people ▶ many people ▶ many nice people
> 　　　　　▶ shocked people
> 　　　　　▶ some people
>
> *명사 하나만 있어도 **명사덩어리**가 성립되며, 명사덩어리의 핵심은 마지막에 나오는 단어인 명사이다.

정리하면, '**명사덩어리**'의 시작을 알려주는 단어인 [the / a / my] 등이 있으면 마지막에는 반드시 [**명사**]가 있어야 하며 그 사이에는 [**형용사 / 동사+ing / 동사+ed**] 등을 넣을 수 있다. 이것이 경사덩어리를 만드는 원리이다. 토익은 이 원리에 대해 묻는다.

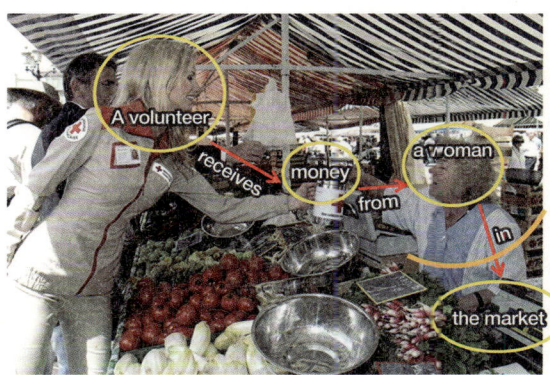

(앞서 언급했듯) 대다수의 문장을 크게 보면 **명사덩어리(동그라미)** 와 그 명사덩어리를 **연결시켜주는 말들 (빨간색 선)** 로 구성되어 있다. 그 중 명사덩어리를 연결시켜주는 말들 중 **전치사**가 가장 대표적이다. 그림에서 동사(receives)를 제외한 빨간색 선에 해당하는 단어들이 전치사이다. 따라서 전치사 다음에는 명사덩어리가 와야 함을 알 수 있다.

이와 같은 원리가 적용된 문제를 보자.

---

01 Customer should call our help line at 1-800-564-3939 for _____ with any technical questions.

(A) assistant
(B) assisted
(C) to assist
(D) assistance

선택지를 보고 어떤 유형의 문제인지 빠르게 파악하면 '**assist**'라는 단어를 가지고 변형이 되었으므로 [**문장구조를 묻는 문제**]이다. 파트5, 6의 문제를 분류하면 세 가지 밖에 없는데 그 중 선택지가 같은 단어를 가지고 변형된 것이면 '**문장구조**'를 묻는 문제이다. 문장구조를 묻는 문제는 원리만 이해하면 **3초 안**에 풀 수 있다. 빈칸 왼쪽과 오른쪽이 둘 다 전치사이다. [**전치사는 '명사덩어리'를 연결**]하므로 빈칸에는 적어도 명사가 있어야 한다. 따라서 선택지에서 명사를 골라야 한다. 그러나 선택지에 명사형태가 2개가 있다. 의외로 이럴 때 '**셀 수 있는가**'로 판가름이 나는데 셀 수 있는 명사면 [a / the] 등이 있어야 하므로 도와주는 사람은 셀 수 있으므로 적어도 [a / the] 등의 관사가 있어야 한다. 빈칸과 같이 관사 없이 쓸 수 있는 명사는 '**도움(assistance)**'이라는 '**개념**'적인 말이다. 따라서 **정답은 (D)** 이다.

해석 고객들은 기술적인 문제로 도움이 필요한 경우에 전화상담 서비스인 1-800-564-3939로 전화해야 한다.

전치사는 기본적으로 **명사**(덩어리)와 **명사**(덩어리)를 **연결하는 도구**로 때에 따라서는 동사와 결합하여 명사를 연결하기도 한다. 이와 같이 명사(덩어리)를 연결하는 전치사는 기존에 이해하던 방식에서 180도 사고의 전환이 필요하다. 이는 필자의 억지 주장이 아니라 원어민이 바로 그렇게 이해하기 때문이다.

문제는 'A+전치사+B'에서 항상 뒤의 B와 세트로 묶어 "B+전치사"식으로 "~전치사" 형태로 해석해왔다는 데 있다. 예를 들어 'A above B'이면 above를 '~위로'라고 하며 B부터 A로 거꾸로 뒤집어 해석한다. 그러나 전치사는 오히려 자연스러운 어순대로 앞의 A가 어떤 위치에 있는지를 알려주는 말이다.

주어에서부터 가까운 순서대로 단어가 나열되는 기본 원칙을 적용해보면, 예컨대 A의 위치가 '위'라면 다음에는 '아래'에 있는 'B'가 나오고, 앞 단어의 위치가 '안'이면 그 다음에는 그 '둘레'에 있는 것이 나온다. 그래서 'A+in+B'의 의미가 "A가 안에 있고 밖에서 둘러싸고 잇는 것은 B"가 되는 것이다. 또한 앞 단어가 의미하는 위치가 '아래'라면, 다음에는 '위'에 해당하는 말이 오게 된다. **above**를 예로 들어 설명해보자.

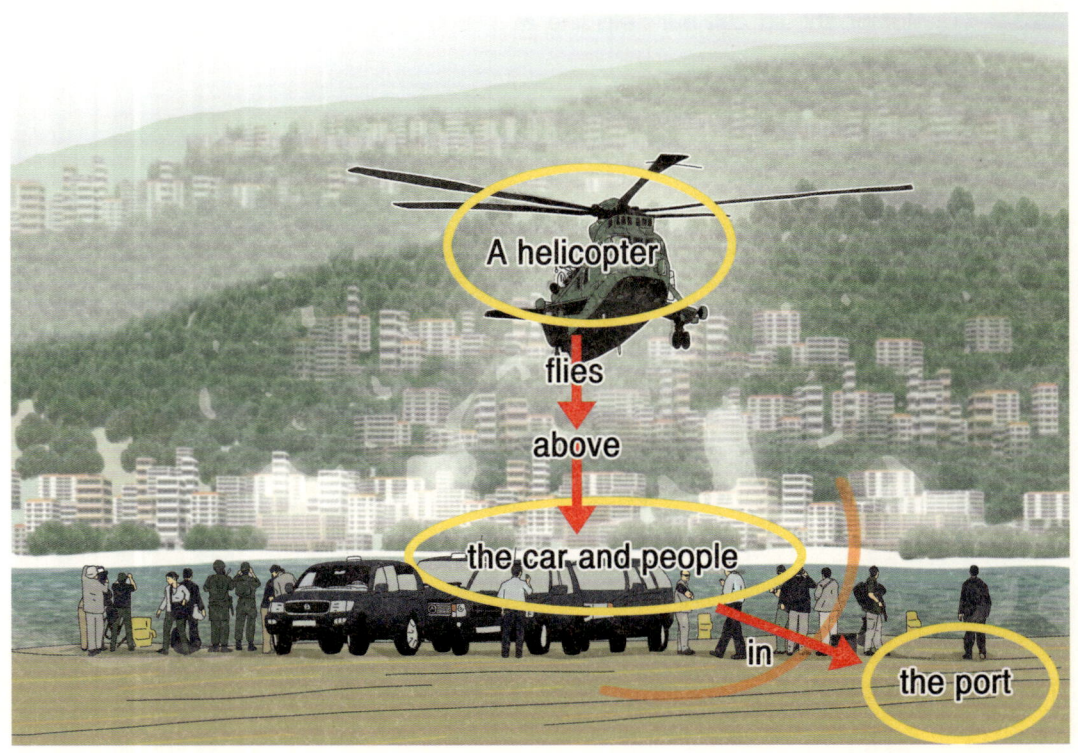

A helicopter flies above the car and people in the port.
"한 헬리콥터가 항구 안에 있는 차와 사람들 위로 날고있다."

위의 문장 **A helicopter flies above the car and people in the port.**를 해석할 때 머릿속에는 **above**와 같은 말들이 '**~위로**'라고 자리잡혀 있다. 이렇다보니 above가 나오면 뒤에 나온 **the car and people**란 단어를 보고 난 뒤 '**차와 사람들 위로**'라고 거꾸로 뒤집어 해석을 할 수밖에 없는 것이다. 이를 다음과 주어에서 부터 순서대로 이해해야 한다.

A helicopter flies above the car and people in the port.

헬리콥터 ▶ 날다 ▶ above 위에 있고 아래 있는 것은 ▶ 차와 사람들 ▶ in 안에 있고 둘러싼 것은 ▶ 항구

전치사 below의 예를 하나 더 들어보자.

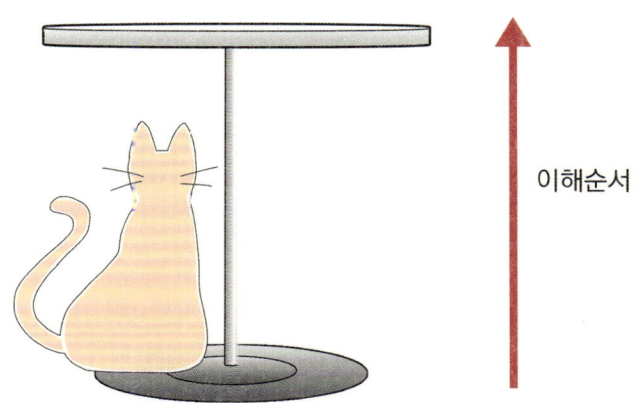

A cat sits below the table.

이 문장에서 **below**는 고양이가 앉아 있는 위치를 알려주는 말이다. 이제껏 이 **below**를 보자마자 뒤에서부터 해석해서 '**테이블 아래에**'라고 하여, 전체 문장을 "**테이블 아래에 고양이 한 마리가 앉아 있다**"라고, 어순을 완전히 뒤집는 식의 억지 해석을 해왔다는 얘기다. **below**는 먼저 등장한 앞 단어와 먼저 관련되어 이해가 되어야지, 뒤에 어떤 단어가 붙을지도 모르는데 어찌 뒤의 단어를 끌어다 해석을 한단 말인가? 읽기가 아니라 듣기의 상황에서 위 문장의 **below**까지만 발음된 상황을 생각해보라-. "**~아래에**"라고 이해해야 하기 때문에 뒷말이 발음되기 전까지는 아무런 해석도 못하고 기다려야 한단 말인가? 그런식으로 언제 원어민들과 즉각적으로 주고받는 대화가 가능하겠는가?

게다가 전치사는 대부분 그 자체만 유심히 잘 살펴봐도, 앞 단어와의 연관이 더 중요할 뿐 뒤에 이어져 나오는 단어와의 관계는 자동으로 이해됨을 알 수 있다. **below**는 '**be+low**'이다. 바로 앞 단어가 존재(**be**)하는 곳이 아래(**low**)임을 나타낸다. 그러고 나면, 그 위쪽에 있는 것이 순서상 당연히 나오게 되는 것이다. 그래서 영어가 순서대로 나열되는 원칙에 따로 **below** 다음에 '**위쪽에 있는 것**'이 무엇인지 직접 오게 된다.

따라서 '**고양이** ▶ **앉아 있다** ▶ **(그곳이 아래이고 그 위에 있는 것은)** ▶ **테이블**'이라고 순서대로 이해하면 된다. 훨씬 더 쉽지 않은가? 예를 하나 더 보자.

Children below the age of 13 are not allowed to see the movie.

영화관에 가면 붙어 있을 법한 안내문이다. 어린이들이 있는데 아래에 있고, 위에 있는 것이 나이인데 '**13살**'이다. 아이들에게 허락이 되지 않는 행위가 '**보는(see)**'것이며, 그 대상이 '**그 영화(the movie)**'이다. 여기서 '**아이들**'과 '**나이**'의 위치 관계를 살펴보자.

Children below the age of 13을 "**13살 아래의 어린이들**"이라고 매끈한 한국말로 옮기고 싶겠지만, 영어를 제대로 하기 위해서는 우리말로는 어색하더라도 영어 사고방식 자체로 이해해야만 된다. 어린이가 있는 위치가 **be+low** 즉, '**아래**'에 존재한단 얘기다. 그리고 나서 위에 있는 것이 등장하는데, 그것이 바로 '**나이**'이며, 13이다. 그래서 **Children**이 아래에 있어서 13세에 못 미쳤다면, 허락이 안 된다는 얘기다.

이번에 전치사 **beneath**를 가지고 전치사에 대한 원어민식 이해를 더욱 분명히 하도록 하자.

Visitors walk beneath a passing shark at the aquarium.

큰 수족관을 방문한 적이 있다면 이해하기 쉬울 내용이다. 수족관의 백미가 바로 해저 터널이다. 수족관 가운데에 통로를 만들어 지나가는 관객들이 마치 바다 속에 있는 느낌을 가지게 해준다.

예문이 바로 그 장면이다. 관객들이 걸어간다. 그리고 머리 바로 위에는 한 마리의 지나가는 상어가 있고, 그 위치는 수족관이다. 여기서 **beneath a passing shark**를 "**~바로 아래에**"식 해석을 이용해 "**한 마리의 지나가는 상어 바로 아래에**"라고 하고 싶겠지만, 영어의 바른 이해는 당연히 먼저 나온 단어인 **beneath**를 이해하고 다음에 등장하는 **a passing shark**로 시선을 옮겨가야 한다.

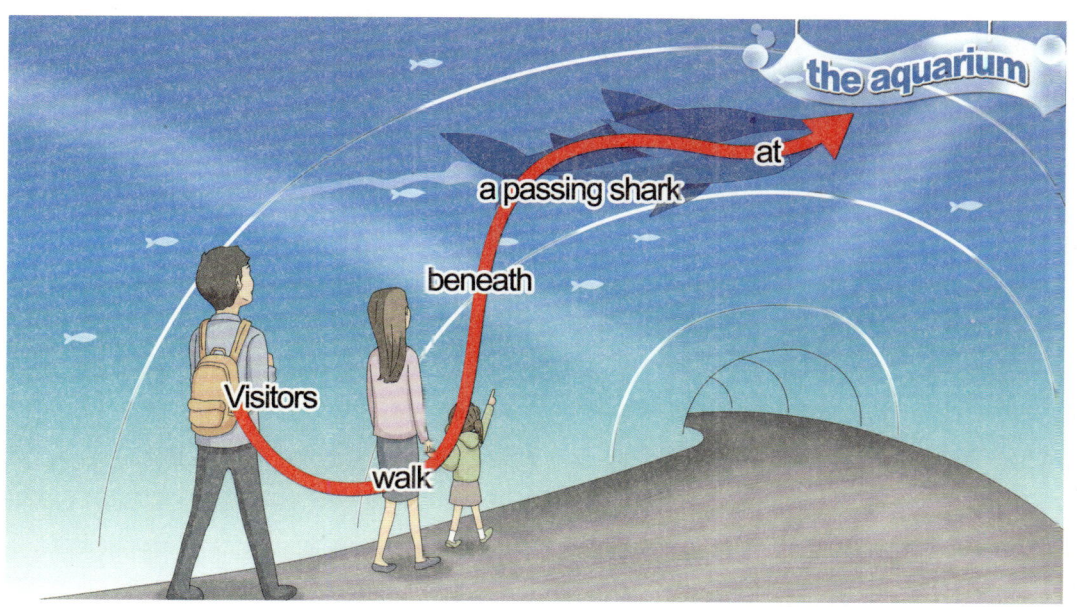

장면을 굳이 상상해보지 않아도, 당연히 beneath는 관객이 걸어가는 그 위치가 '아래'임을 알려준다. 그리고 나서 그 위에 있는 것이 상어이다.

이제 원리이해를 했으니 공식을 만들어 보자.

전치사는 명사단어를 연결하는 연결어이다. 따라서 다음과 같은 공식이 가능하다.

> **명사덩어리 공식 01**
>
> '**전치사+ _____ + 전치사**'에서는 **빈칸**은 **명사**가 와야 한다.

02 Recommendations for promotions will be discussed and reviewed in _____ with our policy.

(A) accordance
(B) accord
(C) according
(D) accorded

먼저 선택지를 보니 같은 단어(**accord**)의 변형이다. 따라서 세 가지 중 **문장구조를 묻는 문제**임을 알 수 있다. 앞서 문제와 같이 빈칸 좌우에 명사덩어리 연결어인 전치사가 있으므로 명사덩어리가 와야 한다 그런데 빈칸자리가 한 자리이므로 명사덩어리에서 꼭 있어야 하는 '**명사자리**'이다. 따라서 선택지에서 명사를 골라야 한다. **정답은 (A)**이다.

해석 승진을 위한 추천들이 우리 회사의 정책과 일관되어서 의논되고 검토될 것입니다.

이쯤 되면 '**도대체 어떤 것이 명사인지 단어를 다 공부하지 않는 한 어떻게 알지?**'라고 충분히 물어볼 수 있다. 이에 대한 답변으로 다음의 자료를 준비했다. 아래와 같이 정리하면 단어의 형태만 보고 눈치로 알 수 있다.

명사형태 정리

01. ~tion, ~sion
02. ~ance, ~ence
03. ~sis
04. ~ty
05. ~ency
06. ~ment
07. ~al
08. ~ant
09. ~th
10. ~sure, ~dure
11. ~er, ~or (사람)
12. ~ist (사람)
13. ~ee (사람)
14. ~an (사람)

03 The _____ at the entrance of the gallery is from our featured artist of the month.

(A) displaying
(B) displayed
(C) display
(D) displayer

선택지를 보니 **문장구조를 묻는 유형**이다. 빈칸 왼쪽을 보니 명사덩어리의 시작을 알려주는 **관사(the)**가 나왔다. 빈칸 오른쪽은 **전치사(명사덩어리 연결)**이므로 **빈칸은 명사가 와야 명사덩어리가 성립**이 된다. 앞 사진기사의 주어인 'a volunteer'처럼 a라는 관사가 나오면 **명사덩어리가 나옴**을 알 수 있으며 **명사덩어리의 핵심이자 마지막 단어는 '명사'**라는 사실을 명심하고 선택지를 보면 **명사가 두 개**(cisplay, displayer)이므로, 둘 중에 하나가 정답이다.

'~er'은 보통 사람을 나타내는 말이므로 의미상 '전시(회)'를 나타내는 (C) display가 더 빈칸에 적절하다.

해석 미술관 입구에서 하는 전시회는 이번 달 특별 초청된 미술가의 작품이다.

이제 원리이해를 했으니 공식을 만들어 보자.

> **명사덩어리 공식 02**
> '관사 + ____ + 전치사 or 동사', 명사가 정답이다.

명사덩어리의 연결이라는 관점에서 보면 동사도 전치사처럼 명사덩어리를 연결해 준다. 따라서 전차사와 동사 앞은 명사덩어리가 와야 한다.

04 The _____ of the film 'The World' has exceeded everyone's expectations.

(A) popular
(B) popularity
(C) popularize
(D) popularly

→ 명사덩어리

The _____ of the film 'The Wrold'
　　　　　　전치사 (명사덩어리 연결어)

선택지를 보니 같은 단어를 가지고 변형했으므로, 문장구조를 묻는 문제이다. 빈칸 앞에 관사가 있고 뒤에 전치사가 있으므로 **'명사'**를 묻는 문제이다. 선택지 중 **명사**는 (B) popularity(인기) 하나이다.

해석 영화 'The World'에 대한 인기가 모두의 기대를 넘어섰다.

> 관사는 'a or the'로 뒤에 나오는 명사가 알고 있는 것인지 아닌지를 나타내는 말이므로 **빈칸 앞부분에 관사가 있으면 뒤에 명사가 와서 명사덩어리를 구성함**을 알 수 있다. 이와 같이 명사덩어리의 시작을 알려주는 말은 ❶관사 외에도 있는데 ❷소유격이라고 부르는 [my / his / its]를 비롯하여 ❸수량을 나타내는 [many / all / some]등이 있다. 따라서 위의 공식에서는 관사라고 했지만 관사와 비슷한 것도 해당된다.

05 The judge became furious when her _____ was questioned by the plaintiff's attorney.

(A) neutralize
(B) neutralization
(C) neutrally
(D) neutrality

선택지를 보니 문장구조를 묻는 문제이다. 빈칸 앞에 **'her'**가 있으므로 그 뒤에는 **명사가 와야 한다**. 따라서 **정답은 (D)**이다.

해석 그 판사는 원고측 변호사가 자신의 중립성을 의심하자 분노했다.

앞서 사진 속 예문의 주어인 a volunteer는 아름다운 여성이다. 따라서 명사덩어리를 좀 더 확장하면 'a beautiful volunteer'라고 할 수 있다. 여기에서 'beautiful'는 '아름다운'이란 의미의 형용사이다. **이러한 형용사는 명사 앞에 존재해 명사를 설명하며 명사덩어리를 이룬다.** 따라서 형용사의 뒤는 명사가 올 가능성이 매우 높기 때문에 다음과 같은 공식을 만들 수 있다.

명사덩어리 공식 03

'**형용사 + _____ + 전치사 or 동사**'이면, **명사가 정답**이다.

---

06 Finding an alternative _____ of materials will reduce the restaurant's costs.

(A) supplying
(B) supplied
(C) supplier
(D) suppliers

선택지를 보니 같은 단어(supply)를 변형한 것이므로 문장구조를 묻는 문제이다. 빈칸 앞을 보니 관사(an)와 형용사(alternative)가 있어 명사덩어리를 묻는 문제임을 알 수 있다. 빈칸 뒤가 전치사이므로 빈칸은 명사덩어리의 성립을 위해 명사가 와야 하는 자리이다. 그런데 선택지어 명사가 두개 있다. 선택지에 명사가 두개 있을 경우, 다음을 통해서 알맞은 답을 고르면 된다. 덩어리의 성립을 위해 명사가 와야 하는 자리이다. 그런데 선택지에 명사가 두개 있다. 선택지에 명사가 두개 있을 경우, 다음을 통해서 알맞은 답을 고르면 된다.

> (1) 단수 vs 복수 판단
> (2) 사람명사 vs. 사물명사 판단

관사(an)가 있으므로 **단수를 나타내는 명사**가 와야 한다. 따라서 **정답은 (C)**이다.

해석 대안의 재료 공급자를 찾는 것은 레스토랑의 비용을 감소시킬 것이다.

07 The slight _____ of new lighting to the existing one has dramatically changed the mood around the office.

(A) addition
(B) additional
(C) added
(D) add

선택지를 보니 같은 단어를 변형한 것이므로 문장구조를 묻는 문제이다. 빈칸 앞을 보니 **관사(the)**와 **형용사(slight)**가 있어 **명사덩어리를 묻는 문제임**을 알 수 있다. 빈칸 뒤가 **전치사(명사덩어리 연결어)**이므로 **빈칸은 명사덩어리의 성립을 위해 명사가 와야 하는 자리**이다. 따라서 **정답은 (A)**이다.

해석 원래의 조명에 약간 덧붙인 새로운 조명이 사무실 분위기를 확 바꾸었다.

08 Confirmation of our recent _____ is necessary to continue the project and finish by the third quarter deadline.

(A) calculated
(B) calculates
(C) calculations
(D) calculate

선택지를 보니 같은 단어를 변형한 것이므로 문장구조를 묻는 문제이다. 빈칸 앞을 보니 **our(소유격)**와 **형용사(recent)**가 있어 명사덩어리를 묻는 문제임을 알 수 있다. 빈칸 뒤가 동사가 있으므로 빈칸은 명사덩어리의 성립을 위해 명사가 와야 하는 자리이다. 따라서 **정답은 (C)**이다.

해석 이 프로젝트를 계속해서 마감시한인 3분기까지 끝내기 위해서는 최근의 계산에 대한 확인이 필요하다.

명사덩어리 공식 04

'관사+ ____ + 명사'이면, **형용사가 정답**이다.

---

09 The _____ meeting in June is going to be held in Hong Kong about merging MBC Chemicals.

(A) regular
(B) regularize
(C) regulars
(D) regularly

선택지를 보니 같은 단어를 변형한 것이므로 문장구조를 묻는 문제이다. 빈칸 앞을 보니 **관사(the)**가 있어 명사덩어리를 묻는 문제임을 알 수 있다. 빈칸 뒤가 명사이므로 명사덩어리의 성립을 위해 **빈칸은 [형용사/동사+ing/동사+ed] 등이 와야 하는 자리**이다. 선택지에 형용사가 있으므로 **정답은 (A)**이다.

알아두기 –ize 는 모두 동사, –ly 는 거의 부사, 단어 뒤에 –s가 붙었다면 명사(복수)이거나 동사다.

해석 MBC Chemicals와의 합병에 대한 정규 미팅이 홍콩에서 열릴 예정입니다.

---

10 Ms. Benford is happy with the _____ participation of her students in the fundraising drive for the community.

(A) enthuse
(B) enthusiasm
(C) enthusiastic
(D) enthusiastically

the _____ participation 음영이 있는 부분은 명사덩어리이다. 따라서 빈칸에 올 수 있는 경우의 수는 **[형용사 ▶ 동사+ed ▶ 동사+ing]** 이다. 선택지에 형용사가 있으므로 빈칸에 넣어보면 **'열정적인 참여'**로 어색하지 않다. 따라서 정답은 **(C)**이다.

해석 벤포드 씨는 지역사회를 위한 기금 모금 운동에 학생들이 열정적으로 참여해줘서 기쁘다.

11 _____ information is available online through our web page.

  (A) Specific
  (B) Specification
  (C) Specifically
  (D) Specify

선택지를 보니 같은 단어를 변형한 것이므로 **문장구조를 묻는 문제**이다. 빈칸이 명사 앞에 있으므로 명사덩어리를 만들기 위해 **관사**나 **형용사** 등이 있어야 한다. 선택지에 형용사가 있으므로 **정답은 (A)**이다.

해석 상세한 정보는 온라인상의 저희 홈페이지에서 이용하실 수 있습니다.

12 Please allow for some _____ budget so we can have a monthly employees' get-together.

  (A) add
  (B) additional
  (C) addition
  (D) additive

빈칸 앞에 명사를 설명하는 'some'이 있으므로 명사덩어리를 묻는 문제라고 볼 수 있다. 빈칸 뒤에 명사가 있으므로 빈칸을 포함해서 명사덩어리를 만들려면 [**형용사 ▶ 동사+ed ▶ 동사+ing**]가 와야 한다. 선택지에 **형용사 (B)additional이 있으므로 정답**이다.

해석 저희가 매달 직원 모임을 가질 수 있도록 약간의 추가 예산을 고려해 주십시오.

선택지에 나오는 단어는 다 알아야 하는 것이 기본이지만, 처음 공부하는 입장에서는 어떤 것이 형용사인지 알기 쉽지 않다. 이때 아래와 같이 '**형용사임을 알 수 있게 하는 말**'을 정리해 두는 편이 좋다.

형용사임을 알 수 있게 하는 말

-tive	preventive, active...	-ful	resourceful, meaningful.....
-sive	abusive, compulsive..	-ic	diagnositic, economic...
-ous	delicious, conscious....	-cal	magical, logical.....
명사+ly	tasty, snowy....		
-able	abusive, compulsive....		
-ent	consistent, urgent...		
-ant	pursuant, cognizant....		
-ible	accessible, flexible...		

주의해야 할 형용사

timely, friendly, costly, likely

명사덩어리 안에 동사+ed, 동사+ing

그림을 어떤 시점에서 순간적으로 바라보면 그 시점에서 동작(동사)의 가능한 모습을 3가지밖에 없다. 바로 **(1) 동작이 진행되고 있는 경우 (2) 동작이 이미 완료된 경우 (3) 앞으로 동작을 하려고 하는 경우**이다. 영어에 바로 이 3가지 경우를 나타내는 방법이 **(1) 동사+ing (2) 동사+ed(과거분사) (3) to+동사** 이다.

다음 그림을 보면 가을에 낙엽이 지고 있는 장면이다.

(1) 동그라미 안에 있는 것은 'leaves'이다. 이를 표현할 때 지금 **한창 떨어지는 동작(fall)**이 진행되고 있는 경우이므로 명사덩어리를 만들면 'falling leaves'라고 표현할 수 있다.

마찬가지로 (2) 동그라미 안에 있는 'leaves'은 **떨어지는 동작(fall)이 이미 완료한 상태**이므로 명사덩어리를 만들면 'fallen leaves'라고 표현할 수 있다. 여기에 만약 아침에 이미 봤던 똑 같은 나무잎이면 알고 있다는 표시로 관사 'the'를 붙여 'the fallen leaves'라고 명사덩어리를 만들 수 있다.

the ground

(3) 동그라미 안에 있는 'leaves'는 '**앞으로 가능성 있는 것**'이 떨어지는 동작이다. 이를 표현하면 'leaves to fall'이다. **to 부정사**인 경우에는 단어가 2개 이상이기 때문에 'leaves' 앞에 배치하지 않고 뒤에 연결한다.

이제 **동사+ing, 동사+ed**에 대해 학습했으니 명사덩어리 연습을 하나 해보자.

위 그림을 보고 생각나는 첫 명사는 당연히 'chicken'일 것이다. 이제 **'명사'**에다 이것저것 붙여서 덩치를 크게 만들어 보자. **'기름에 튀기는 동작(fry)'**이 이미 완료된 상태이므로 'fried chicken'으로 만들 수 있다. 즐겨먹는 '후라이드치킨'이 바로 이 뜻이다. 여기에다 이 치킨이 내가 주문한 바로 **'그'**치킨이면 **관사 the or 소유격 my** 등을 붙여서 'the fried chicken or my fried chicken'로 만들 수 있다.

이제 이 원리를 이용해서 공식을 만들어 보자.

> **명사덩어리 공식 05**
>
> **'관사+ ____ + 명사'**이고 선택지에 형용사가 없고 **'동사+ing'**와 **'동사+ed'**가 있으면 둘 중에 하나가 정답이다.

13 A load test performed by a _____ technician will help determine whether a car's battery is sufficiently strong for winter.

(A) qualifier
(B) qualification
(C) qualifying
(D) qualified

빈칸 앞에 관사가 있고 빈칸 뒤에 명사가 있으므로 'a _____ technician'은 명사덩어리를 이룬다. 관사와 명사 사이에 들어갈 수 있는 것은 **형용사, 동사+ing 또는 동사+ed** 등이다. 선택지에 형용사가 없으므로 (C)qualifying과 (D)qualified가 정답 후보이다. (D) qualified는 '자격을 부여 받은'이란 의미이며 특히 사람 명사와 같이 쓰이므로 정답이다. 이와 같이 **사람과 잘 쓰이는 동사+ed 표현**을 정리하면 experienced(경험이 많은), skilled(숙련된), dedicated(헌신적인), devoted(헌신적인), talented(재능이 있는)등이 있으므로 기억해 두자.

해석 자격을 갖춘 기술자에 의해 수행된 부하 테스트는 자동차의 배터리가 겨울 동안 충분히 강한지 여부를 판정하는 데 도움이 될 것이다.

---

14. 14. In order to meet the needs of all the parties in a business negotiation, all _____ companies must reach a satisfactory solution.

(A) participation
(B) participating
(C) participated
(D) participates

빈칸 앞에 **all**이 있으므로 명사덩어리를 묻는 문제인데, 빈칸 뒤 명사 **companies**가 있으므로 빈칸은 '**형용사 ▶ 동사+ed ▶ 동사+ing**'자리이다. 우선순위는 **형용사가 첫 번째**이고 **두 번째가 동사+ing or 동사+ed**이다. 선택지에 **형용사가 없고 동사+ing와 동사+ed**로 이루어져 있기 때문에 둘 중 하나가 정답일 가능성이 높다. **동사+ing는 동작을 한창 하고 있는 것**을 말하고 **동사+ed는 동작이 끝난 사실을 말하는데** 이 문제에서는 **한창 참여하고 있는 회사에 대해 말하**므로 정답은 (B) **participating**이다.

해석 비즈니스 협상에서 모든 당사자들의 요구를 만족시키기 위해 모든 참여 회사들은 만족스러운 결론에 도달해야만 한다.

> 대다수의 문장은 주어로 시작하는 문장이다. 따라서 보통 첫 단어가 주어를 나타내고 그 다음은 주어의 동작이 와야 한다. 이것이 가장 '**기본적인 문장구조**'이다. 이러한 문장구조는 '**주어+동사**' 형식을 외운다고 체화되는 것이 아니다. 말이 구성되는 원리를 이해해야 한다. 따라서 영어로 글을 쓴다고 하면 우리말 문장을 만들고 나서 단어기억하고 형식대입하고 하는 것이 아니라 바로 **머릿속에서 그림을 그린 다음에 주어에서부터 순서대로 그냥 나열하면 된다.**

모르는 단어가 있으면 한영사전을 찾지 말고 그냥 우리말을 사용하라. 예를 들어 '**태국 코끼리들이 태국 아이들에게 물을 뿌리기 위해 자신들의 코를 사용 한다**'라는 문자를 만들고 싶다면 단어를 찾고, 배열하고, 문법 적용하고 이렇게 힘들게 하지 말고, **그냥 그림을 한편 그려보자.**

그러고 나서 주어를 정해 순서대로 나열하면 그만이다. '태국 코끼리들이 ▶ 사용한다 ▶ 자신들의 코를 ▶ 하고자 하는 바는 ▶ 뿌리다 ▶ 물 ▶ 대상은 ▶ 태국 아이'라고 쓰면 된다. 이것이 영작이다. 나중에 차근차근 배워나가는 단계에 따라 아는 단어들은 영어로 바꾸면 된다.

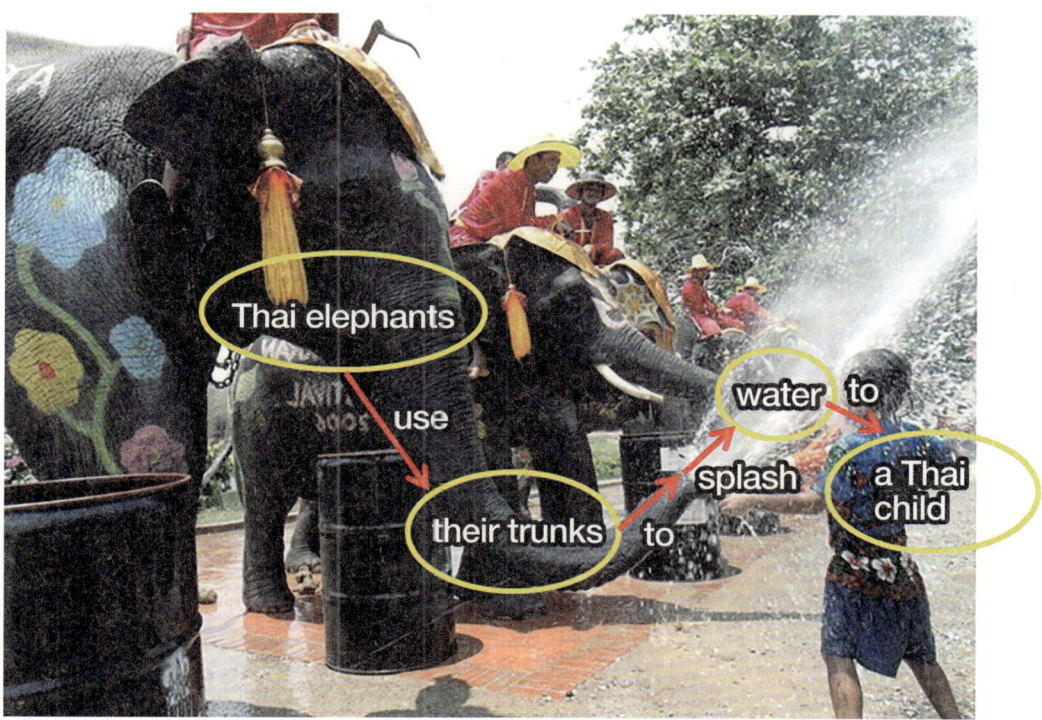

태국 코끼리들 ▶ 사용한다 ▶ 자신들의 코들 ▶ to ▶ 뿌리다 ▶ 물 ▶ to ▶ 태국 아이

Thai elephants use their trunks to splash water to a Thai child.

앞의 그림과 같이 대다수의 첫 단어(**Tahi elephants**)는 그 문장의 주어인 경우가 많고 주어의 힘인 동사(**use**)는 대상을 (**their trunks**)을 가지는 경우가 많다. 따라서 아래와 같은 2가지 공식이 가능하다.

> ❶ 명사덩어리 공식 06
>
> '첫 빈칸 +(연결어)~ + 동사'이면, **명사(주어)가 정답**이다.
>
> ❷ 명사덩어리 공식 07
>
> '동사 + _____ +연결어'이면, **동사의 대상(명사)이 정답**이다.

15 _____ of the orders will be sent to the customers.

(A) confirmation
(B) confirmed
(C) confirming
(D) confirms

선택지를 보니 같은 단어(**confirm**)를 변형한 것이므로 문장구조를 묻는 문제이다. 문장구조의 기본은 주어와 동사인데 명사덩어리 연결어인 전치사 앞 빈칸이므로 명사자리이며 이 문장의 주어이다. 따라서 **정답은 (A) confirmation**이다.

해석 주문들의 확인이 고객에게 보내질 것이다.

16 _____ must wear protective equipment when they are operating any machinery.

(A) Operation
(B) Operators
(C) Operative
(D) Operational

빈칸 뒤에 동사 **must wear**가 있으므로 **주어(명사)**를 고르는 문제이다 (C) **Operative**와 (D) **Operational**은 형용사이므로 오답이다 주어 역할을 하는 명사 (A) **Operation**(작동)과 (B) **Operators**(조작자) 중 해석이 자연스러운 (B) **Operators**

가 정답이다

해석 기술자들이 기계를 작동할 때는 반드시 보호 장비를 착용해야 한다.

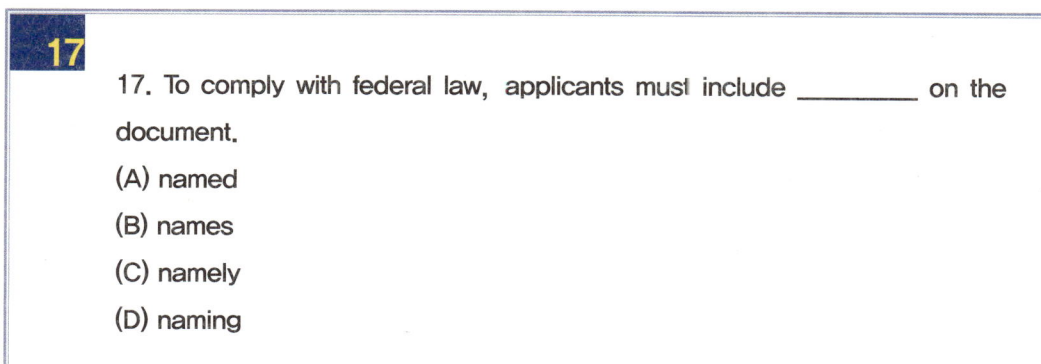

대다수의 동사는 동사 다음에 대상(명사)이 온다. 따라서 빈칸 앞에 동사가 있고 빈칸 뒤에 새로운 그림이 연결되는 연결어가 있으면, 빈칸은 명사가 있어야 한다. **정답은 (B) names** 이다.

해석 연방법을 준수하기 위해서 신청자들은 서류에 이름을 기입해야한다.

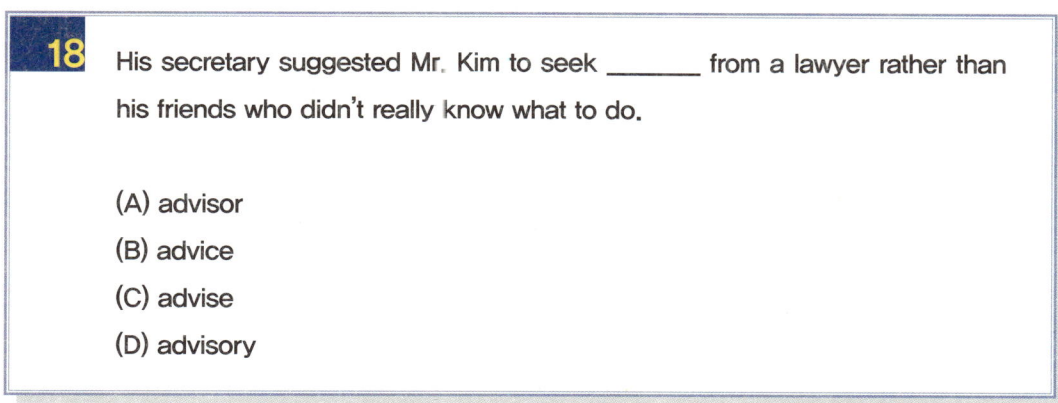

빈칸 앞이 동사 그리고 뒤가 전치사(연결어)이드로 빈칸은 명사자리이다. 선택지에 명사가 두개 있는데, 문맥상 자문을 구하는 것이므로 (B) **advice가 정답**이다.

해석 그의 비서는 Mr. Kim에게 뭘 해야 할지 잘 알지 못하는 친구들보다는 변호사에게 자문을 구하라고 제안했다

19 The company designs _____ that meet the specific needs of different customers.

(A) productive
(B) production
(C) producers
(D) products

빈칸 앞이 동사(**designs**) 그리고 뒤가 관계사(연결어)이다. 관계사는 명사에 대한 부연설명이므로 빈칸은 명사자리이다. 선택지에 명사가 세 개 있는데, 문맥상 회사가 디자인 하는 것은 제품이므로 (D) **products**가 **정답**이다.

해석 그 회사는 다른 고객들의 특정한 요구를 충족시킬 제품을 디자인한다.

명사덩어리 공식 08

'**동사 + _____ + 명사**'이면, 형용사가 정답이다.

---

20 In order to keep track of sales and results, we should hold _____ meetings at least weekly.

(A) regular
(B) regulation
(C) regulate
(D) regularly

앞서 말했듯이, **대다수의 동사 뒤에는 대상(명사)이 있어야 한다**. 즉, 동사 뒤에는 명사덩어리가 와야 한다. 빈칸 뒤에 명사가 있으므로 명사덩어리를 만들려면 명사 앞에 존재하여 명사에 대해 말해주는 단어인 형용사가 있어야 한다. 따라서 **정답은 (A)**이다.

해석 판매와 결과를 알기 위해서 우리는 적어도 매주 정기 회의를 해야한다.

명사의 대략적인 정보를 알려주는 달

명사는 명사 앞에 어떠한 명사인지 말해주는 단어들과 한 몸처럼 구성이 되는데 이를 **'명사 덩어리'**라고 한다. 이러한 명사덩어리가 구성되는 원리 중 명사 앞에서 명사의 대략적인 정보 (선택 ❶)를 알려주는 말이 있다. 특히 수량 또는 누구의 것인지를 나타내는 말 등이 그러하다. 토익은 이에 대해 꽤 많이 물으니 이번 기회에 확실히 알고 넘어가자.

선택 ❶	선택 ❷	선택 ❸
a/ the	형용사	명사
my/ your/ his/ its/ her/ their	동사 + ing	
many/ much/ all/ some	동사 + ed	
없음	없음	

*선택2는 중복선택가능하다

(1) 관사

우리말에는 없는 개념이지만 영어, 스페인어, 프랑스어, 독일어 등에는 관사가 있어서 뒤에 오는 **명사가 한 개 (a/an)인지 아닌지, 특정한 것(the)인지 일반적인 것인지**에 대한 자세한 정보를 미리 준다.

A candy sweet　　　(사탕은 매우 달콤해) → 보통의 모든 사탕
The candy sweet　　(그 사탕은 달콤해)　→ 내가 먹어본 사탕이거나 그렇다고 들은 사탕

(2) 누구의 것인지를 나타내는 말(소유격)

나의	my	우리의	our
당신(들)의	your	그의	his
그녀의	her	그들의/그것들의	their
그것의	its		

(3) 가르키는 말

this[that]
these[those]

(4) 수와 양을 나타내는 말

many[a few, few]
much[a little, little]
each, every
some, most, all

이와같이, [**명사 앞에서 명사의 대략적인 정보를 알려주는 말**]은 4가지로 '**대략적인 정보**'는 하나만 있으면 되니까 중복해서 쓰지 않는다.

> **명사덩어리 공식 09**
>
> 선택지가 대명사로 이루어져 있고 '＿＿＿ +명사'이면, 명사덩어리를 이루는 소유격이 답이다.

21 Recent research indicates that parents who are physically active often push _____ children to take up a sport.

(A) them
(B) themselves
(C) theirs
(D) their

선택지를 보니 대명사 종류로 이루어져 있고 빈칸 뒤에 명사가 있으므로 명사덩어리를 이루는 소유격인 **their**가 정답이다.

해석 최근 연구에 따르면, 신체적으로 활동적인 부모들은 종종 자신의 자녀들에게도 스포츠 활동을 하도록 강요합니다.

22 Patients without appointments must sign in with the secretary and wait for _____ names to be called.

(A) they
(B) them
(C) their
(D) themselves

선택지를 보니 대명사 종류로 이루어져 있다. 빈칸 앞이 전치사고 빈칸 뒤는 명사이므로 명사덩어리를 이룰 수 있는 소유격인 **their**가 정답이다.

해석 약속을 하지 않은 환자들은 비서에게 서명을 해야만 하며, 그리고 그들의 이름이 호명되기를 기다려야 합니다.

23 She has been quite determined about _____ career path since early childhood and her dream seems to come true.

(A) she
(B) hers
(C) herself
(D) her

'전치사 + _____ + 명사' 구조이므로 빈칸은 명사 career path에 대해 말해주는 단어가 와야 하므로 **her**가 정답이다.

해석 그녀는 어렸을 때부터 그녀의 직업상 진로에 대해서 단단히 결심했다. 그리고 그녀의 꿈이 이루어지는 것처럼 보인다.

> 명사덩어리 공식 10
> 선택지에 **[명사의 대략적인 정보를 알려주는 말]**이 있으면 **단수, 복수를 생각하자.**

24 _____ computer simulations do not accurately reflect real world conditions.

(A) Those
(B) A little
(C) That
(D) Much

선택지를 보니 [명사의 대략적인 정보를 알려주는 말]로 구성되어 있다. 빈칸 뒤 'computer simulations'은 복수이므로 복수 내용을 가리킬 수 있는 **(A) Those**가 정답이다.

해석 그 컴퓨터 시뮬레이션들은 현실 상황을 정밀하게 반영하지는 않습니다.

영어에서 'those'는 뒤의 **명사를 자주 생략한다는 점**에서 **특별하다.**

이를 사진기사를 통해 공부해 보자.

Employees of the Apple Store greet those (people) who wait in line to purchase the new iPhone.

사진 아래의 문장을 보지 않고, 사진만 보고 있다면 여러분들은 이 장면을 어떻게 표현할까? 눈에 보이는 대로 다양하게 이런저런 얘기들을 할 수 있겠지만, 그걸 영어로 해보라고 하면 갑자기 답답할 것이다. 하지만 영어 단어를 몰라도 좋으니, 한국어 단어를 가지고 영어식으로 한번 해보라고 하면 어떨까? 아래와 같이 말이다.

직원들 ▶ of ▶ 애플스토어 ▶ 인사하다 ▶ 그러한(those) 사람들 (people) ▶ who ▶ 기다리다 ▶ in ▶ 줄 ▶ to 구입하다 ▶ 새로운 아이폰

이건 여러분이 영어 단어들을 부지런히 익히기 전에 먼저 해결해야 할 부분이 무엇인지에 대한 힌트다. 즉, 주어가 일단 무엇인지 결정되면 그 다음부터는 주어에서 가까운 것부터 차례대로 기술하는 영어의 사고방식을 따라 한국어 단어만 갖고도 영어어순에 대한 원어민식 이해방식을 익힐 수 있다. 지금 바로 그러한 훈련을 하고 있는 것이다.

Employees of the Apple Store greet those (people)

주어로 직원들(Employees)이 나왔다. 그 다음에 of(연결된 내용은 ~)를 통해 소속이 '애플 스토어'임을 나타내었다. 대다수의 문장은 주어가 나오고 주어에 대한 설명(없을 수도 있다)이 끝나고 나면 그 주어의 동작이 나오게 되어있다. 이것이 '**기본적인 문장구조**'이다. 따라서 **인사하다(greet)가 주어의 동작**이다. **그 인사하는 대상인 those (people)**이 나왔는데 **those는 '그러한'**의 의미로 뒤에 복수명사를 가진다. 그러나 이 명사가 문맥상 알 수 있을 때 자주 생략하는데 위의 문장에서는 '**people'이 생략**이 되었다. 따라서 those people이 원형이다.

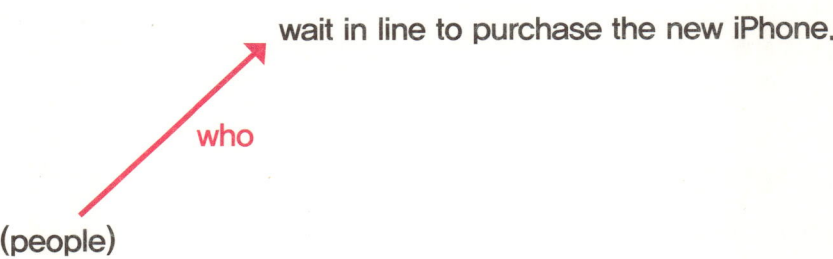

who는 앞에 사람들에 대한 설명 문장이 뒤에 곁 그림으로 나옴을 나타내는 연결어이다. 이를 '**관계사**'라고 하는데, 복잡하게 볼 것 없고 그냥 who가 나오면 앞의 사람에 대해 부연해서 설명하는 문장이 나오겠구나 하며 읽으면 된다. 따라서 '**those who ~**'하면 '**그러한 사람들이~**' 하면서 빠져서 곁그림으로 이에 대해 설명한다고 보자. 그러한 사람들이

'기다린다(wait)' 둘러싼 형태는(in) 줄(line)이고 나아가서 하려는 바는(to) 구입한다(purchase) 그 대상은 새로운 아이폰(the new iPhone)

> **25** _____ student bicycle should be locked up to the rack next to the building daily to prevent theft.
>
> (A) All
> (B) Every
> (C) Most
> (D) Much

선택지를 보니 **[명사의 대략적인 정보를 알려주는 말]**로 구성되어 있다. 빈칸 뒤 'student bicycle'은 단수이므로 단수 내용을 지칭하는 **(B) Every**가 정답이다.

해석 모든 학생 자전거는 절도를 예방하기 위해 건물 옆 보관대에 묶여 있어야 한다.

Unit 05 어려운 문법 문제의 절반, 동사덩어리 문제풀이 기술

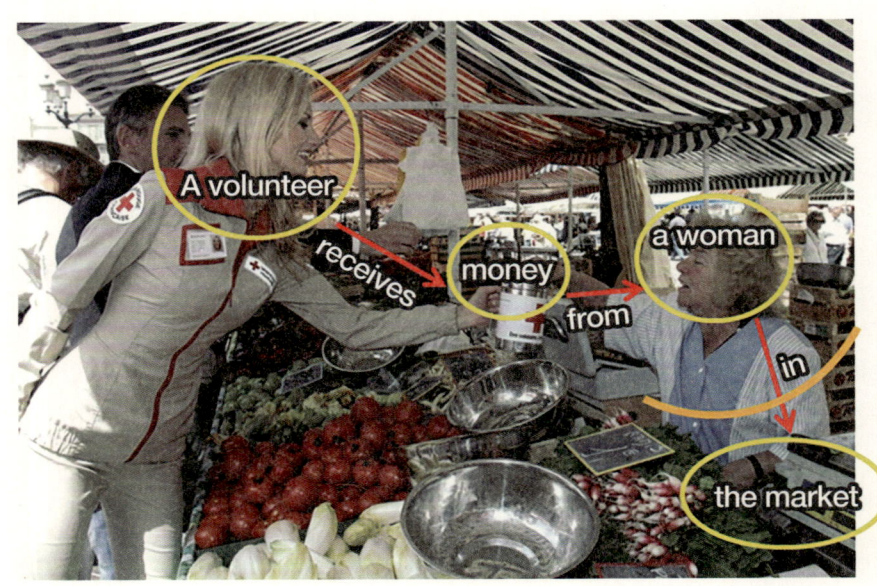

❶A volunteer ❷receives ❶money ❸from ❶a woman ❸in ❶the market.

문장을 이루는 요소를 정리하면 다음과 같다.

- ❶ 명사(덩어리)
- ❷ 동사(덩어리)
- ❸ 연결어

이번에는 이러한 문장구조 요소 중 어려운 문법 문제의 절반, 동사(덩어리)에 대해 공부해보자.

위의 사진기사에서 알 수 있듯이 가장 기본적인 문장은 : **명사 덩어리(주어)** ▶ **동사** ▶ **명사 덩어리(대상)** 이다. 명사 덩어리의 관점에서 보면 동사도 전치사와 비슷하게 명사덩어리를 연결해주는 역할을 한다. 따라서 다음과 같은 공식을 만들 수 있다.

동사덩어리 공식 01

'**명사덩어리** + _____ + **명사덩어리**'이면 빈칸은 이를 연결할 단어가 필요하다.
따라서 **선택지에 연결어가 없으면 동사가 정답**이다.

---

01 If the city council _____ the new park plans by Tuesday, construction crews can begin working on it by the end of the month.

(A) approve
(B) approvable
(C) approvingly
(D) approval

이번에는 습관화된 문제풀이의 단계로 가보자.

> Step 01 선택지를 보고 어떤 유형(세가지)의 문제인지 빠르게 파악

> Step 02 빈칸 주위를 본다. 둘 다 명사 덩어리(**the**로 시작하니까)이므로 빈칸은 이를 연결해줄 말이 필요하다.

> Step 03 선택지를 보니 명사 덩어리를 연결해 줄 수 있는 동사가 있다. 따라서 **정답은 (A)**이다.

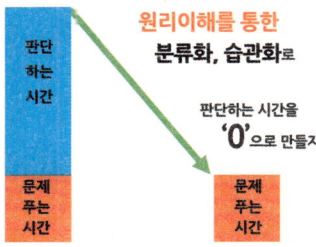

해석 시의회가 목요일까지 새로운 공원 계획을 승인하면, 건설직원들은 이번달 말일 전에 일을 시작할 수 있을 것이다.

동사도 명사덩어리처럼 여러가지 정보를 결합해서 동사덩어리를 이룬다. 동사는 보통 동사 앞에 시제, 조동사, 부정, 힘의 방향 등의 정보를 나타내어 한 덩어리의 의미단위를 이룬다.

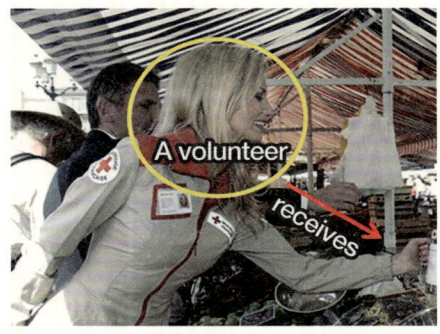

예를 들어 위의 사진기사 내용인 경우 동사가 receive인데 뒤에 ~s를 붙여 주어가 **단수**임을 나타냈다. 이를 부정하면 동사 앞에 **does not**를 넣어 **does not receive** 이렇게 '**동사덩어리**'를 만든다.

receive를 가지고 좀 더 동사덩어리를 만들어보면 다음과 같다.

부정 : do not receive	*시제-현재완료* : have received
조동사 : can receive	*시제-미래* : will receive
조동사 부정 : cannot receive	*시제-현재진행* : is/are receiving
시제-과거 : received	*힘의 방향(힘받고)* : is/are received

동사덩어리 공식 02

'**조동사+_____ 이면 빈칸은 동사원형**이다.

02 You should _____ the meeting.

(A) attended
(B) attending
(C) attends
(D) attend

기본적으로 동사는 조동사나 시제 등의 정보를 앞에 놓아 동사덩어리를 만든다. 따라서 조동사 뒤에 빈칸이 있으면 **동사자리(동사원형)**이므로 정답은 **(D)**이다.

해석 당신은 미팅에 참석해야합니다.

---

03 Interviews of the latest applicants _____ all day Monday in the second-story meeting center.

(A) will be conducted
(B) conduct
(C) have conducted
(D) are conducting

동사덩어리 공식 03

선택지가 동사와 동사변형으로 이루어져 있을 때 문장연결어(관계사, 접속사)가 없으면 동사는 하나이다. **'동사자리'이면** ❶**주어에서 나가는 힘의 방향** ▶ ❷**수일치** ▶ ❸**시제** 순으로 점검해보자.

Step 01 선택지를 보니 동사(덩어리)로 이루어져 있고, 문장에 동사가 없으므로 **동사 자리**이다.

▼

Step 02 [**주어에서 나가는 힘의 방향**]을 생각하면 인터뷰는 시행을 당하는(◀) 것이므로 힘을 받는 (수동태) 형태인 "**be + 동사+ed**"가 와야 한다. 따라서 **정답은 (A)**이다.

해석 신규 지원자에 대한 면접이 월요일에 이층 건물 회의실에서 하루 종일 이루어질 것이다.

주어에서 나가는 힘의 방향

주어 중심으로 바라보았을 때, 모든 문장은 주어에서 힘이 나아가는 경우(▶) 아니면 주어가 힘을 받는 경우(◀)밖에 없다. 따라서 동사자리라고 판단되면 주어에서 나가는 힘의 방향을 제일 먼저 확인해야 한다.

(1) 주어에서 힘이 나아가는 경우

The team invented <u>the product</u> last month.
그 팀 ▶ 발명했다 ▶ 제품 ▶ 지난 달

'주어 중심적 사고'를 기준으로 보면 "The team invented the product."의 문장이 '**주어** ▶ **동작(동사)** ▶ **대상(목적어)**'**의 순서**임이 당연하다.

즉, 주어인 '**팀**'이 존재하고, 다음으로 팀이 행한 '**발명하다**'라는 행위가 있으며, 그 다음 그 행위가 닿은 대상으로 '**제품**' 인 어순이다. 주어인 '**팀**'의 입장에서는 '**발명하다**'는 동작이, 그로 인해 영향을 받게 되는 대상 '**제품**'보다, 나 자신에게 더 가깝다는 물리적 이해가 고스란히 적용된 어순인 것이다. 이렇게 말이든 글이든 철저히 주어 중심으로 해서 순차적으로 확산되어 나가는 게 원어민의 언어사고이다.

따라서 우리말의 "팀은 제품을 발명했다(주어+목적어(대상)+동사)"가 영어로는 '**팀** ▶ 발명했다 ▶ 제품'일 수밖에 없음은 어찌보면 너무도 당연한 순서인 것이다.

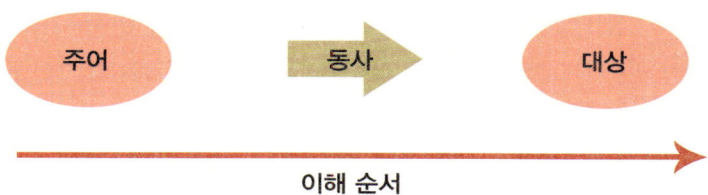

통상 '**주어** ▶**동사** ▶**대상**'의 어순은 주어에서 힘이 발산이 되고 그 힘의 영향을 받는 대상인 대상(목적어)이 오는 경우지만, 반대로 주어가 힘을 받게 되는 경우도 있다. 이때 문장의 모습은 '**주어+be+동사의 과거분사**'가 된다.

(2) 주어가 힘을 받는 경우

The product was invented by the team last month.
제품 ▶ 있었다 ▶ 발명을 당한(◀) ▶ by ▶ 그 팀 ▶ 지난 달

주어는, 제품이다. 그 제품이 발명되는(invent) 힘을 받고 있다. 이렇게 주어 다음에 동사가 나올 경우 먼저 '**힘을 가하는지**' 또는 '**힘을 받는지**'를 파악하는 것이 중요하다. 그렇게 '**제품**'이 invent하는 동작을 받는 상황에서 그 힘의 근원을

나타내는 전치사 **by**와 **the team**이 이어지고 있다.

위에서 **invented**는 invent(발명하다)의 과거분사 형태인데, 사전에 **invent**를 찾아보면 (invent-invented-invented) 이렇게 세 종류가 표시되어 있을 것이다. 세번째 종류를 '**과거 분사**'라고 하는데 과거분사는 '**어떤 동작이 이미 완료되었음**'을 뜻한다. 이러한 '**be+과거분사**'의 형태를 학교에서 수동태라고 배웠을 것이다. 그러나 능동태니 수동태니 하는 문법 용어 갖다 붙일 필요 없이 그냥 '**주어에서 힘이 나갈 때**'와 '**주어가 힘을 받을 때**' 이렇게 구분하면 간단하다. 여기서 문법 용어 하나 아는 것보다 더 중요한 건, 왜 주어가 힘을 받을 경우 '**be+과거분사**'의 형태를 가지느냐를 이해하는 것이다.

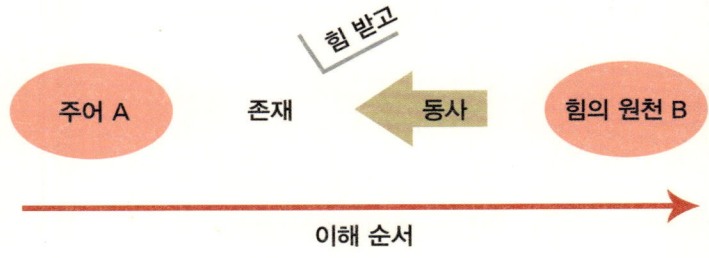

[
그 이유는 간단하다. 주어가 힘을 받을 경우 그 주어는 가만히 있게 된다. 그래서 존재를 나타내는 **be 동사**가 나온다. 그리고 가만히 있는 가운데 어떤 힘이, 즉 어떤 동작이 주어 쪽으로 가해진다. 주어가 동작을 느낄 때는 이미 그 동작은 종점에 도달한 것이다. 그래서 동작의 완료를 나타내는 동사의 세 번째 형태인 과거분사 형태를 사용하는 것이다.
]

우리말로는 뒤에서 힘을 가하는 힘의 원천으로부터 해석을 거꾸로 시작해서 '**B에 의해서 A가 ~되다**'라고 하지만, 어순 그대로 주어에서부터 순서대로 이해를 하면 당연히 '**주어 ▶ be ▶ 과거분사 ▶ 힘의 원천**'이 되어야 한다. 이렇게 힘의 연속성에 따라 주어에서부터 순차적으로 이해를 해야만, '**be+과거분사**' 뒤에 왜 전치사 **by**가 오는지도 저절로 이해가 된다. '**주어 ▶ be ▶ 과거분사**'가 주어에서 가해진 힘을 순서대로 그려냈다면, 그 다음에는 힘이 어디서 나왔는지, 그 힘을 누가 가했는지가 나오는 건 너무나 당연한 순서 아닌가. 여기서 원어민의 사고방식 속에서 **by**가 어떤 의미를 가지는지 분명히 드러난다. 즉 **by**는 뒤에서부터 거꾸로 해석해서 '**~에 의해서**'라고 할게 아니라, 다음 그림에서 알 수 있듯이 앞에 일어난 '**동작(힘)의 원천**'이 무엇인지, 그걸 나타내는 것이다.

이와 같이 **주어가 힘을 받는 경우**를 다음의 사진기사를 통해서 좀 더 학습해 보자.

A bullfighter is attacked by a bull during the festival in Spain.
한 투우사 ▶ 공격받다 ▶ by ▶ 한 소 ▶ during ▶ 축제 ▶ in ▶ 스페인

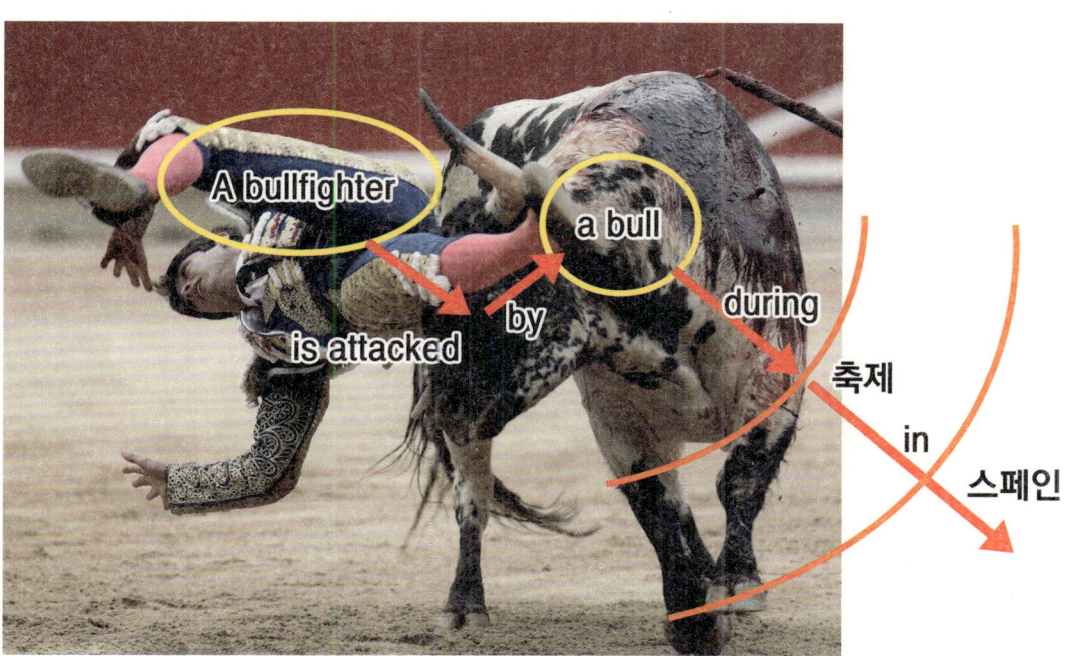

주어에서부터 가까운 순서대로 빨간 화살표를 따라가며 공부하면, 우선 **주어가 투우사이다. 존재하는데(is) 공격당하고 있습니다(attacked) 그 힘 의 근원은(by) 소(bull)**이고 빨간 화살표를 따라 밖으로 확장해 나가면 **그때 일어난 일은 (during) 축제(festival)**이고 안에 있고 밖을 둘러싼(in) 장소는 스페인 (Spain)입니다.

04 In search for more office space, Windfield Media Group _____ to a larger building on 10th Avenue this coming spring.

(A) was relocated
(B) to relocate
(C) will relocate
(D) relocated

콤마는 **그림 단위가 끝날 때** 사용한다. 따라서 콤마 다음부터는 **주어에서부터 그림이 다시 시작한다.** 따라서 파트 5, 6을 풀 때는 콤마 이후 빈칸이 있으면 **콤마 이후부터만 생각하면** 된다.

~, 주어+동사

위의 경우에 적용하면 **Windfield Media Group**이 주어이고 그 다음에 동사가 없으므로 빈칸은 '**동사자리**'이다. 선택지가 동사와 동사변형으로 이루어져 있다. 동사변형이란 동사를 변형한 형태로 [동사+ing, 동사+ed(과거분사), To 동사]를 지칭하는 말이다. 보통 문장에서 문장연결어가 없으면 동사는 하나이다. 위 문장은 문장연결어가 없으므로 빈칸은 동사가 와야 한다.

동사자리이면

❶ 주어에서 나가는 힘의 방향
▼
❷ 수일치 (주어가 단수일때 동사에 s or es를 붙여주는 것)
▼
❸ 시제 (만약 문장에 시간을 나타내는 표현이 나온다면 시제부터 판단하자)

보통 이 순서로 판단해야 하는데, 문장의 말미에 이번 다가오는 봄(**this coming spring**)이라고 했으므로 미래시제가 와야 한다. 따라서 **(C) will relocate**가 정답이다.

05 Using a new secure email prescription option, Med Company _____ doctors to send electronic prescriptions to any of its pharmacy chain at the patient's request.

(A) encourages
(B) encouraging
(C) to encourage
(D) have encouraged

빈칸 앞부분에 콤마가 있으므로 콤마 이후로 생각하면, 빈칸은 주어인 (Med Company)의 동사자리이다. 따라서 **동사 변형인 (B)와 (C)는 정답이 아니다.** 앞서 언급했듯이 '**동사자리**'이면, ❶ 주어에서 나가는 힘의 방향, ❷ 수일치, ❸ 시제 이 세 가지를 순서대로 점검해야 하는데, **주어가 단수이므로 (A) encourages가 정답**이다.

해석 보안성 높은 새로운 이메일 처방을 사용함으로써, 메드 컴퍼니는 의사들에게 환자가 요청할 경우 그들의 약국 체인에 전자 처방을 보낼 것을 권고하고 있습니다.

06 Mr. Kim instructed his assistant to make sure that the package _____ before 5 P.M. today.

(A) is delivered
(B) delivery
(C) is delivering
(D) delivered

선택지가 동사와 '**동사변형**'으로 이루어져 있다. 빈칸 앞을 보니 문장 연결어 that이 있다. **이러한 문장 연결어(관계사, 접속사 등) 다음부터는 그림이 주어에서부터 새로 시작한다.** 따라서 the package가 주어이고 빈칸은 '**동사자리**'이다. 주어가 단수이고 주어인 **소포(package)는 힘을 받는 경우이므로 정답은 (A)**이다.

해석 김은 소포가 오늘 5시 전까지 배달됨을 확실히 하라고 그의 비서에게 지시했다.

07 The president's idea to distribute special gift certificates to all long-term workers _____ enthusiastically received by the managers.

(A) were
(B) was
(C) are
(D) have been

선택지가 **be** 동사로만 이루어져 있다. **be** 동사는 주어에서의 힘의 방향은 생각하지 않아도 되므로 '**수 일치와 시제**'순으로 생각하자. 주어가 '**the idea**'이므로 단수이다. 따라서 수일치를 고려하면 **정답은 (B)**이다.

해석 모든 장기 근로자에게 특별 상품권을 주겠다는 사장의 생각은 매니저들에 의해 열광적으로 받아들여졌다.

08 Building the new train station _____ to create thousands of opportunities for temporary employment over the next six years.

(A) is expected
(B) expected
(C) has been expecting
(D) will have been expecting

선택지를 보면 동사로 이루어져 있다. ❶**주어에서 나가는 힘의 방향** ▶ ❷**수일치** ▶ ❸**시제** 순으로 점검해보자. 새 기차역을 건설하는 것은 **기대를 당하는 일**이므로 **힘을 받는 형태(be+과거분사)**가 와야 한다. 따라서 **정답은 (A)**이다.

해석 새 기차역 건설 사업은 향후 6년간 수천 개의 임시직을 창출할 것으로 예상된다.

> **동사덩어리 공식 04**
> **선택지가 동사와 동사변형으로 이루어져 있을 때 연결어가 없으면 동사는 하나이다. 따라서 동사가 있으면 동사변형자리이다.**

09 A majority of travelers also purchase travelers insurance _____ against stolen property or non-refundable tickets that must be cancelled.

(A) is protected
(B) protects
(C) to protect
(D) protected

선택지를 보니 동사와 동사변형으로 이루어져 있으니 **동사덩어리를 묻는 문제**이다. 빈칸 앞에 동사가 있고, 문장 연결어가 없으므로 동사변형자리이다. 문맥상 보험을 구매한 것이 나아가서 보호하려고 하는 것이므로 **to** 부정사가 어울린다. 따라서 **정답은 (C)**이다.

해석 대부분의 여행객들은 도난 물품이나 부득이 취소해야 하는 환불 불가 항공권에 대비하여 여행자 보험에 가입합니다.

10 The initiative _____ by the city council to limit congestion at the airport is likely to be very well received.

(A) suggest
(B) suggests
(C) suggested
(D) suggesting

선택지를 보니 동사덩어리를 묻는 문제이다. 연결어 없이 동사가 하나이므로 빈칸은 동사변형이어야 한다. 따라서 동사인 (A)와 (B)는 탈락이다. (C)와 (D)는 힘의 방향의 차이가 있는데 안건은 제안을 당하는 것이므로 힘 받는 그림인 **(C)가 정답**이다.

해석 시 의회가 공항의 교통 혼잡을 해소하기 위해 제안한 안건이 굉장히 잘 수용될 듯하다.

영어에서 주어 다음에 나올 수 있는 말로는 무엇이 있을까 한번 생각해보자. 바로 주어가 '**존재한다**'거나 '**움직인다**'거나 하는 딱 두 가지밖에 없다. **존재함은 'be동사', 움직임은 '동사'로 표현된다.** 이렇게 영어에는 항상 주어라는 존재가 먼저 있고, 그 존재가 '**어떠한 상태로 있는가**'가 어순상 그 다음이다. 어떤 존재가 일단 있어야 그 다음으로 그 존재가 움직이든 어떤 상태이든 될 수가 있는 것이니, 이는 매우 상식적이고 논리적인 순서이다.

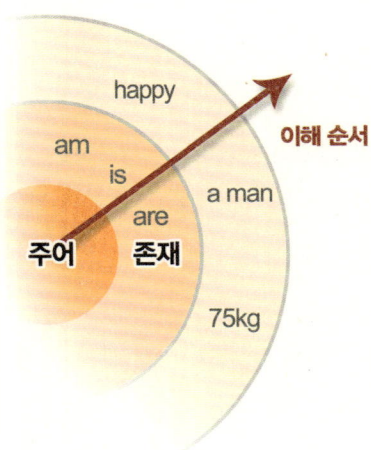

즉, 주어가 어떠한 구체적인 상태로 되어 놓여 있는 것보다 주어에 더 가까운 것은 바로 주어의 '**존재**' 그 자체이다. **be동사가 바로 그 주어라는 '존재'를 보여주는 것이고, 그 뒤에 따르는 말들은 그 존재가 밖으로 표현된 '구체적인 상태**'이다.

그래서 "**나는 학생이다**"라고 할 경우 한국말로는 '**나는+학생+이다**'의 순서이지만, 영어에는 조사도 없으므로 '**나 ▶ 이다 ▶ 학생**'의 순서로 "**I am a student**"가 되는 것이다.

be동사 다음에 올 수 있는 경우를 정리하면 아래 세 가지가 있다.

❶ I am happy (상태)
❷ I am a student (형태)
❸ I am shocked (힘 받고)

토익은 가장 많이 쓰이는 실용문장에 대해 출제하기 때문에 주로 be동사 다음에 **형용사 or 동사+ed**를 출제한다.

알아두기 바로 얼마 전까지 토익에서 be동사 다음은 무조건 상태(형용사)가 와야 했다. 그러나 요즘에는 **be동사** 다음에 올 수 있는 경우의 수 모두를 출제하는 경향이 있다. 그러나 역시 압도적으로 형용사가 많다.

따라서 다음과 같은 공식이 가능하다.

> **동사덩어리 공식 06**
>
> 'be 다음에 빈칸이 있을 때 '형용사 or 동사+ed'를 먼저 생각하자'

11 Our newest branch of Mango Squeeze smoothie shops is easily _____ from any part of the city or neighboring communities

(A) access
(B) accesses
(C) accessible
(D) accessibly

선택지를 보니 같은 단어의 변형이므로 **'문장구조를 묻는 문제'**이다. 빈칸 앞에 부사가 있고 그 앞에 **be동사**가 있다. 부사는 문장의 필수요소가 아니므로 빼고 읽으면 빈칸 앞에 be동사가 있는 셈이다. 그리고 빈칸 뒤에 전치사가 있으므로 빈칸은 **'형용사'**나 **'동사+ed'**가 돼야 한다. 따라서 **정답은 형용사인 (C)**이다.

알아두기 부사 다음에 빈칸이 있는 경우 부사를 가려보자. (부사는 없어도 그만이니)

해석 우리의 망고 스퀴즈 스무디 사업의 최신 지점은 도시의 어느 지역 혹은 이웃 지역에서도 쉽게 접근할 수 있다.

12 The repairman can fix the engine, but he suggests that it is _____ that a new one be purchased soon.

(A) necessity
(B) necessitate
(C) necessarily
(D) necessary

선택지를 보니 같은 단어의 변형이므로 '**문장구조를 묻는 문제**'이다. 빈칸 왼쪽을 보면 (**be동사**)가 있고 오른쪽에는 **연결어 that**이 있으므로 **be 동사** 다음은 형용사나 힘받고(**동사+ed**)가 나와야 한다. 따라서 선택지 중에 **형용사인 (D)가 정답**이다.

해석 수리공은 엔진을 수리할 수는 있지만, 새것을 빨리 구매하는 것이 필요하다고 넌지시 말한다.

13 The retirement of CEO David Staffins was _____ in all of the major newspapers around the country.

(A) publicizing
(B) publicized
(C) publicity
(D) publicize

빈칸 앞에 be동사가 있으므로 be동사 관련 문제이다. (A), (B), (C) 모두 be동사 다음에 올 수 있지만 토익에서 우선하는 순서가 ❶형용사 ▶ ❷동사+ed(힘 받고) ▶ ❸명사 순이므로 이를 염두에 두고 문제를 풀어보자. 선택지에 형용사가 없으니 ❷동사+ed(힘 받고)가 정답일 가능성이 높다. 이는 주어가 힘을 받는 것이기 때문에 주어와의 관계가 중요하다. 은퇴는 공표를 당하는 그림이므로 **정답은 (B)**이다.

해석 최고경영자인 데이빗 스태핀스의 은퇴가 전국의 모든 주요 신문에 공표되었다.

A truck is stranded on a road

한 트럭 ▶ 오도 가도 못하게 잡히다 ▶ on ▶ 한 도로

주어가 한 트럭(a truck)이다. 그 트럭이 가만히 존재(be)하는데 오도 가도 못하게 하는 힘을 받았다(stranded) 그래서 면으로(on) 접하는 곳이 한 도로(a road)이다. 이렇듯 be 동사 다음에는 상태를 나타내는 형용사나 힘 받고(동사+ed)가 올 수 있는데, 주어라는 존재가 먼저 있고, 그 존재가 '**어떠한 상태로 있는가**'가 매우 상식적이고 논리적인 순서이다. 그러나 존재를 나타낼 수 있는 단어가 '**be 동사**'만 있는 것은 아니다. '**be 동사**'를 대신에 사용할 수 있는 동사가 있는데 그 중 대표적인 것이 remain이다. 따라서 위 문장을 다음과 같이 바꿀 수 있으며 **remain 다음에도 be동사와 동일하게 ❶형용사, ❷동사+ed**(힘 받고)가 올 수 있다.

A truck remains stranded on a road

따라서 다음과 같은 공식이 가능하다.

> **동사덩어리 공식 05**
>
> be 동사 대신에 사용할 수 있는 동사(become/remian/look)도 be동사와 같이 생각하자

14 After moving to a new location. the previous space will remain _____ for the company.

(A) vacant
(B) vacantly
(C) vacate
(D) vacancy

빈칸 앞에는 동사 **remain**이 있다. 이 동사는 **be동사** 대신에 쓰는 동사로 **be동사**와 거의 동일하다고 보면 된다. 따라서 **remain** 다음에는 형용사가 올 수 있으므로 **정답은 (A)**이다.

Unit 06 동작과 상태의 정도를 알려 주는 말, 부사 문제풀이 기술

> 부사는 **동작과 상태의 정도를 구체적으로 말해주는 말**로 음식에서의 조미료와 같은 역할을 한다. 그러나 문장을 구성하는데 반드시 필요한 요소는 아니다. 즉, 없어도 말이 되는 구성요소이다. **정도를 알려 주는 말, 부사**를 다음의 사진기사를 통해 배워보자.

Chef Kim prepared a dish made up of several ingredients.
요리사 Kim ▶ 준비했다 ▶ 요리 ▶ 구성됨 ▶ 다양한 ▶ 재료들

주어에서부터 가까운 순서대로 그림을 그리면 **주어(요리사) ▶ 동작(준비하다) ▶ 그 동작의 대상(요리)** 순서임이 당연하다. 즉, 주어인 '요리사'가 존재하고, 다음으로 요리사가 행한 '**준비하다**'라는 행위가 있으며, 그 다음 그 행위가 닿은 대상으로 '**요리**'인 어순이다. 주어의 '**요리사**'의 입장에서는 '**준비하다**'는 동작이, 그로 인해 영향을 받게 되는 대상 '**요리**'보다, 나 자신에게 더 가깝다는 물리적 이해가 고스란히 적용된 어순인 것이다. 이러한 주어 중심으로 해서 순차적으로 확산되어 나가는 원어민의 사고에서 **동작(준비하다)의 정도**를 나타내는 말을 첨가할 수 있다. 사진에서 보면 준비하는 동작이 매우 **능숙해** 보인다. 이러한 **동작의 정도를 나타내는 말은 동작(동사) 주위에 배치**할 수 있다. 다음의 문제를 통해서 이를 공부해 보자.

01

Chef Kim _____ prepared a dish made up of several ingredients.

(A) skill
(B) skilled
(C) skillful
(D) skillfully

위 문장은 **빈칸이 없어도 말이 되는 문장**이다. 문장구조에서 없어도 되는 말은 동사의 정도를 말해주는 요소인 '**부사**'로 동사와의 어울림이 중요하다. 따라서 **정답은 동사 prepare(준비하다)와 잘 어울리는 부사 (D)skillfully(능숙하게)**이다. 부사는 동사와의 어울림이 중요하기 때문에 동사덩어리에 가장 가깝게 배치하게 된다. 때로는 동사덩어리 안에 넣기도 한다. 따라서 다음과 같은 공식을 만들 수 있다.

정도를 알려 주는 말, 부사 공식 01
'동사덩어리 사이'는 부사가 정답이다.

be _____ 형용사   ('be동사+형용사'도 하나의 동사덩어리로 취급)
be _____ 동사+ed/ 동사+ing
have _____ 동사+ed
조동사 _____ 동사

02 All prices and product specifications are _____ accessible through the Internet.

(A) ready
(B) readiness
(C) readily
(D) readied

우선 선택지를 보면 '**문장구조를 묻는 문제**'임을 알 수 있다. 빈칸 앞을 보면 **be동사**가 있으므로 보통 그 뒤에 **형용사**나 **동사+ed**가 있어야 한다. 빈칸 뒤에 be동사의 짝인 형용사가 있으므로 accessible의 정도를 알려주는 **부사 (C)가 정답**이 된다.

해석 모든 가격과 제품 세부사항은 인터넷을 통해 쉽게 얻을 수 있다.

03 All relevant resources will be _____ available to generous donors like you attending tonight's ceremony.

(A) exclusive
(B) excluding
(C) excluded
(D) exclusively

선택지를 보면 '**문장구조를 묻는 문제**'임을 알 수 있다. 빈칸 앞을 보면 **be동사**가 있으므로 보통 그 뒤에 **형용사**나 **동사+ed**가 있어야 한다. 빈칸 뒤에 be동사의 짝인 **형용사**가 있으므로 available의 정도를 알려주는 **부사 (D)가 정답**이 된다.

해석 모든 관련 정보가 오늘 행사에 참석하는 여러분과 같은 관대한 기부자들에게만 이용 가능할 것입니다.

04 The account will be _____ handled by Mr. Carloff now that Greg Atkins is no longer working for us.

(A) subsequent
(B) subsequent to
(C) subsequently
(D) subsequence

빈칸 왼쪽을 보니 be동사가 있고 빈칸 오른쪽은 be동사의 짝인 **동사+ed(힘 받고)**가 있으므로 기본적인 것은 충족이 되었으므로 **부사(C)가 정답**이다.

해석 그렉 앳킨스는 이제 우리 회사에서 일하지 않기 때문에 그 계정은 향후에 칼로프 씨가 처리할 것이다.

05 Some products are _____ built to have short lifespans, so that customers have to replace them every few years.

(A) intent
(B) intention
(C) intentional
(D) intentionally

빈칸 왼쪽을 보니 be동사가 있고 빈칸 오른쪽은 be동사의 짝인 **동사+ed(힘받고)**가 있으므로 기본적인 것은 충족이 되었으므로 **부사(D)가 정답**이다.

해석 몇몇 제품들은 고객들이 수년에 한 번씩 교체하도록 의도적으로 오래 사용될 수 없도록 제작됩니다.

06 The airport can _____ be reached by subway, bus, or car in less than an hour.

(A) easy
(B) easily
(C) ease
(D) easiness

빈칸 왼쪽을 보니 조동사가 있고 빈칸 오른쪽은 조동사의 짝인 **동사 be**가 있으므로 기본적인 것은 충족이 되었다. 이렇게 **조동사+동사로 이루어진 동사덩어리** 사이에 올 수 있는 것은 **부사가 유일**하므로 **(B)가 정답**이다.

알아두기 문제를 풀고 부사가 정답인 경우 그 어울림(동작 or 상태)를 덩어리채 기억해 두는 것이 좋다. 왜냐하면, 토익에서 부사어휘문제가 심심치 않게 출제 되기 때문이다.

해석 공항은 지하철이나 버스 또는 자가용으로 한 시간 이내에 쉽게 갈 수 있다.

> 정도를 알려 주는 말, 부사 공식 02
> '**동사 앞**'의 빈칸은 **부사가 정답일 가능성이 높다**. 따라서 선택지 중 부사가 있으면 동사와의 어울림을 생각해 본다. 특히 **주어+동사 사이에 올 수 있는 한 단어는 부사**다.

07 Thanks to huge success of his first book, he _____ emerged as a leading writer and lecture.

(A) quicks
(B) quickness
(C) quick
(D) quickly

콤마(,)다음에는 문장의 그림이 새로 시작한다. 따라서 파트 5에서는 콤마 다음은 주어부터 그림이 다시 시작한다고 보면 된다. 빈칸은 주어인 he 다음에 동사인 emerged 사이에 있으므로 부사자리일 가능성이 높다. 따라서 동사와의 어울림을 생각해보면 **빠르게(quickly) 부각되는(emerge)** 그림이 되므로 **정답은 (D)**이다.

해석 그의 첫 번째 책의 큰 성공덕분에, 그는 선도하는 강의와 작가로서 빠르게 나타났다.

부사도 전치사와 마찬가지로 동사와의 연속선상에서 바라보는 것이 옳다. **emerge**는 '**안보이다가 나타나는**' 그림인데 아래 사진기사 통해서 좀 더 살펴보자.

Divers emerge from the water.

▶ **emerge**는 '**안보이다가 나타나는 그림**'이다. 따라서 연속적으로 나온 곳[출발점]을 나타내는 '**out of**' 또는 '**from**' 등의 전치사가 뒤따른다. 또한 안보이다가 나타나 어떠한 역할을 하게 되면 전치사 '**as**'가 나온다. 위의 지문에서는 평범한 작가였다가 첫 번째 책의 큰 성공으로 선도하는 작가로서 나타나게 된 내용을 '**emerge as**'로 표현했다. 이러한 힘의 연속은 '**전치사 어휘**'문제로 또는 '**동사 어휘**'문제로 나올 수 있으니 숙지하자. 또한 '**안보이다가 나타나는 그림**'인 '**emerge**'는 갑작스럽고(suddenly) 빠른(quickly)을 나타내는 부사와 연속적인 그림으로 잘 어울린다. 기억해두자.

따라서, 이러한 emerge관련 문제로는 문장구조 외에도 알맞은 **전치사(힘의 연속)을 묻는 문제와 부사어휘 문제**로도 출제 될 수 있다.

예를 들어, 앞 문제의 경우 다음과 같이 변형되어 출제될 수 있다.

08

Thanks to huge success of his first book, he quickly emerged _____ a leading writer and lecture.

(A) as
(B) toward
(C) in
(D) through

앞에서 학습한 **동사와의 연속적인 어울림(힘의 연속)**을 생각했을 때 **전치사 'as'가 정답**이다.

09

We _____ urge our purchasing managers to select suppliers based on product quality and not on the cheapest price.

(A) strongly
(B) stronger
(C) strength
(D) strong

빈칸은 주어인 **We** 다음에 동사인 **urge** 사이에 있으므로 부사자리일 가능성이 높다. 따라서 **동사와의 어울림**을 생각해보면 **강하게(strongly) 촉구하는(urge)** 그림이 되므로 **정답은 (A)**이다.

> 정도를 알려 주는 말, 부사 공식 03
>
> '**주어가 스스로 하는 동작(자동사)**' 뒤의 빈칸은 **부사자리**이다. 주어가 스스로 하는 동작을 자동사라고 하며 그러한 동사 뒤에 빈칸이 있으면 부사자리일 가능성이 높다.

10. When speaking to customers on the telephone, customer service representatives should always speak _____.

(A) clear
(B) clarity
(C) clearness
(D) clearly

스스로 하는 동작 speak 뒤에 빈칸이므로 동사와 어울리는 부사를 먼저 생각하자. 선택지 **(D)의 분명하게(clearly)**가 **말하는 동작(speak)과 어울리므로 정답**이다.

해석 고객 서비스 담당자는 전화상으로 고객들과 대화할 때 항상 정확하게 말해야 한다.

> 정도를 알려 주는 말, 부사 공식 04
>
> **be+과거분사(동사+ed)** 뒤의 빈칸은 **부사자리**이다.

11. Please double-check that all application forms are filled out _____ before mailing them back to our offices.

(A) complete
(B) completely
(C) completed
(D) completeness

'be+과거분사(동사+ed) _____ before(문장 연결어)'이므로 연결어 전에 하나의 그림단위(문장단위)가 완성이 되어야 한다. 'be+과거분사(동사+ed)'만으로 그림이 끝나도 되므로 빈칸은 부사를 의심할 수 있다. 동사와의 의미의 어울림으로 판단해 보자. 동작인 'fill out(작성하다)'과 'completely(완전히)'는 좋은 조합이므로 **정답은 (B)**이다.

해석 모든 신청서들을 저희 사무실로 발송하시기 전에 완벽하게 작성되었는지 다시 한번 확인해 주세요.

---

12 Because we have confidence in the quality of our products, they are guaranteed _____.

(A) completed
(B) completeness
(C) completely
(D) complete

콤마(,)다음에는 문장의 그림이 새로 시작한다. 따라서 파트5에서 콤마 다음은 **주어부터 그림이 새로 시작**한다고 보면 된다. 콤마부터 문장을 다시 보면, 빈칸은 주어인 they 다음에 'be + 과거분사(동사+ed) _____'이므로 빈칸이 없어도 하나의 그림단위(문장단위)는 완성이 된다. 없어도 되는 부사를 의심할 수 있다. 동사와의 어울림으로 판단해보자. 'guarantee (보장하다) + completely (완전히)' 따라서 **정답은 (C)**이다.

해석 저희 상품의 품질에 자신이 있기 때문에 상품은 전적으로 보증 됩니다.

> 정도를 알려 주는 말, 부사 공식 05
> **동사변형 주위 빈칸은 부사자리일 가능성이 높다. 선택지에 부사(~ly)가 있고 빈칸의 내용이 없어도 말이 되면 부사자리이다.**

13 Our employee training programs are designed to _____ engage participants in their own learning and development.

(A) active
(B) activate
(C) activity
(D) actively

빈칸 앞은 to이고 빈칸 뒤는 동사(engage)이므로 **to부정사**(동사변형) 안에 빈칸이 있는 셈이다. 따라서 빈칸은 문장의 필수요소가 아닌 부사자리이므로 **정답은 (D)**이다.

해석 우리의 직원 훈련 프로그램은 참여자들이 스스로의 배움과 발전에 적극적으로 참여하도록 고안이 되었습니다.

> **정도를 알려 주는 말, 부사 공식 06**
> 명사덩어리 안에 있는 형용사, 동사+ed, 동사+ing의 정도를 나타내기 위해 부사가 나오는 경우가 있다.

14 Over the past 10 years, the city of Seoul has become an _____ famous tourist destination and business development area.

(A) increase
(B) increasingly
(C) increased
(D) increasing

빈칸 앞에 관사가 있으므로 '**명사덩어리**' 유형의 문제이다. 빈칸에는 '**상태(famous)**'의 정도를 구체적으로 말해주는 부사가 올 수도 있으므로 형용사와의 어울림을 생각해보자. 유명한 정도가 점점 더 증가추세임을 알려주는 **(B) increasingly** 가 **정답**이다.

해석 지난 10년 동안, 서울은 지속적으로 유명한 관광지와 비즈니스 발전 지역으로 변모했다.

Unit 07 비교표현은 세 개만 알면 된다

A diver wearing a kimono feeds a ray during a show.
잠수부 ▶ 입고 있다+ing ▶ 기모노 ▶ 먹이다 ▶ 가오리 ▶ during ▶ 쇼.

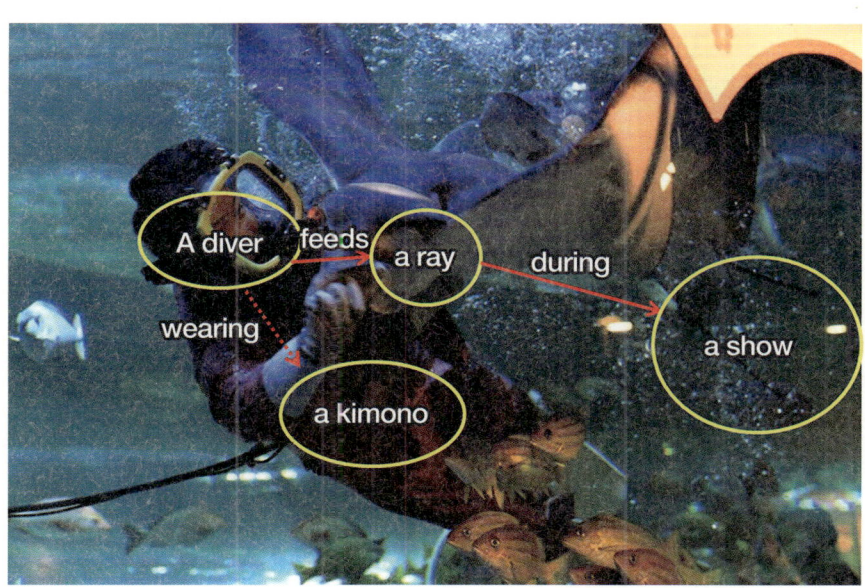

이번에는 사진 위에 주어에서부터 가까운 순서대로 동선을 표시했다 따라가며 공부해보자.

한 잠수부(A diver)가 있고 그 잠수부에 대해 **곁 그림(동사+ing)**으로 설명하고 있는데 **입고 있는(wear)** 것이 **기모노(a kimono)**다. 사진기사와 같이 주어 다음에 '**동사+ing**'가 나오면 주어에 대해 곁 그림(…)으로 설명하고 있구나 하고 넘어가면 된다. 이제 주어에 대해 설명이 끝났으니 주어의 동작(→)이 올 차례이다. 주어의 동작은 **먹이다(feed)**이므로 그 대상인 **가오리(a ray)**가 오는 것이 자연스러운 사고다. **그때 일어 난 일(during)**은 쇼(a show)이다.

앞서 공부했듯이, 선택지가 같은 단어에서 변형된 것이면 문장구조를 묻는 문제이다. 이는 말이 만들어지고 구성되는 원리를 이해하고 있는지를 평가하는 문제로 토익 파트5,6의 절대다수를 차지하고 있으므로 앞의 사진기사를 통해 좀 더 배워보자.

동선이 그려진 사진기사를 보면 노란색 동그라미와 빨간 화살표로 이루어져 있다. 이는 크게 보면 명사덩어리와 이를 연결해주는 말로 구분할 수 있다.

> A diver wearing a kimono feeds a ray during a show.
>
> ▢ A diver 명사덩어리
> ▢ wearing, feeds, during 명사덩어리를 연결해주는 말 (동사덩어리, 연결어)

빨간색 화살표로 이루어진 부분을 세분화하면 **동사덩어리, 동사변형(동사+ing), 연결어(전치사)** 이렇게 나눌 수 있다. 동사변형은 연결어의 한 분류로 여기면 문장을 이루는 요소를 정리하면 다음과 같다.

① **명사덩어리**
② **동사덩어리**
③ **연결어**

여기에다 동작과 상태의 정도를 타나내는 ❹**부사**만 첨가하면 문장의 구성요소가 완성된다. 토익 파트 5,6에서는 어휘 문제를 제외한 모든 문제가 이 4가지를 중심으로 출제된다. 이를 중심으로 앞 사진기사 문장에서의 출제 포인트를 찾아보자.

---

❶ 명사덩어리

[A diver / dive] wearing a kimono feeds a ray during a show.

주어이자, **명사자리**이다. 따라서 선택지에서 명사를 찾아야 한다.

---

❷ 동사덩어리

A diver wearing a kimono [feeds / feeding] a ray during a show.

문장의 동사가 없으므로 **동사자리**이다. 따라서 선택지에서 동사를 찾아야 한다.

---

❸ 연결어

A diver wearing a kimono feeds a ray [during / while] a show.

명사(덩어리)와 명사(덩어리)를 **연결하는** 역할인 **전치사**가 필요하다.

---

❹ 부사

A diver wearing a kimono _____ feeds a ray during a show.

빈칸은 없어도 되는 자리이므로, **부사자리**이다. 선택지에 부사와 동사와의 어울림을 봐야 한다.

❸**연결어**인 경우에는 **문장구조에 해당하는 문제**이면서 **어휘에 해당하는 문제**이기 때문에 따로 분류해서 공부하면, 순수한 문장구조를 묻는 문제는 다음과 같다.

① 명사덩어리
② 동사덩어리
③ 부사

그러나 이러한 세 영역에 모두 포함되는 것이 하나 있는데 그것이 바로 '비교표현'이다. 따라서 지금부터 배울 '**비교표현**'를 앞서 공부한 세 영역으로 구분해서 풀어야 한다.

상식적으로 비교를 한다는 것은 **(1)같다, (2)다르다, (3)최고 or 최저** 이렇게 세 가지 종류 중에 하나다. 이를 각각 **(1)원급, (2)비교급, (3)최상급**이라고 부르는데, 비교급과 최상급은 단어의 형태에 변화를 주어 만든다. 이를 만드는 법을 살펴보면 다음과 같다.

(1) (원급에서) 비교급 만들기

tall ▶ taller (더 키가 큰)

young ▶ younger (더 젊은)

beautiful ▶ more beautiful (더 아름다운) *2음절 이상의 긴 단어는 단어 앞에 more를 붙인다.

(2) (비교급에서) 최상급 만들기

taller ▶ the tallest (가장 키가 큰)

more beautiful ▶ (the) most beautiful (가장 아름다운)

*최상급인 경우는 특별하므로 주로 the를 붙여서 나온다.

자 이러한 만들어지는 원리를 이해했으면 문제에 적용해 보자.

01 Mrs. Williams won the annual Work of Honor award because she is the _____ employee in her department.

(A) dedicated
(B) most dedicated
(C) dedication
(D) more dedicated

선택지를 보니 같은 단어를 변형한 것이므로 '**문장구조를 묻는 문제**'이다. 또한 선택지에 '**비교표현**'인 most와 more가 있으므로 비교표현을 묻는 문제이기도 하다. 빈칸 앞에 **the**가 있으므로 **명사덩어리 + 비교표현**을 묻는 문제이다.

① 명사덩어리
② 동사덩어리   + 비교표현
③ 부사

'the ___ 명사'에서 올 수 있는 것은 (1)'**형용사 / 동사+ed / 동사+ing**' 등이며 the를 동반하는 비교표현은 보통 최상급이므로 **두 가지를 모두 충족하는 정답은 (B)**이다.

해석 Williams 씨는 그녀의 부서에서 가장 열심히 일한 직원이기 때문에 연례 명예 근로자 상을 수상했다.

비교표현 공식 01
the가 나오면, '최고 or 최저'을 떠올려라! 그리고 범위를 확인하자

> **02** The _____ cleanliness rating in the city was given to the Blue Jane, the new restaurant near the port.
>
> (A) highly
> (B) high
> (C) highest
> (D) higher

선택지를 보니 같은 단어를 변형한 것이므로 '**문장구조를 묻는 문제**'이다 또한 선택지에 '**비교표현**'인 ~est와 ~er가 있으므로 비교표현을 묻는 문제이기도 하다. 빈칸 앞에 **the**가 있으므로 **명사덩어리 + 비교표현을 묻는 문제**이며 관사 **the**는 최상급과 같이 자주 쓰이므로 **(C)가 정답**이 될 수 있다. 뒤에 범위를 나타내는 **in the city** 까지 있으므로 **최상급 (C)가 정답**이다.

해석 도시에서 가장 좋은 청결등급은 항구 근처에 새 레스토랑인 Blue Jane에게 주어졌습니다.

비교표현 공식 02
than이 나오면, '다르다'를 떠올려라!

> **03** Over the past 10 years, real estate prices in rural area have grown _____ than real estate prices in urban areas.
>
> (A) rapid
> (B) more rapidly
> (C) rapidly
> (D) most rapid

선택지를 보니 같은 단어를 변형한 것이므로 '**문장구조를 묻는 문제**'이다 또한 선택지에 '**비교표현**'인 ~est와 ~er가 있으므로 비교표현을 묻는 문제이기도 하다. 빈칸은 앞 동사 **성장하다(grow)의 정도를 나타내는 말인 부사 rapidly**가 올 수 있다. 또한 빈칸 뒤에 **than**이 있으므로 '**부사 + 비교표현(다르다)**'을 묻는 문제이다. 따라서 **정답은 (B)**이다.

비교표현 공식 03
as가 나오면, '같다'를 떠올려라!

04 The company's new accounting procedures were just as _____ as its main competitor by all standards.

(A) efficiently
(B) more efficient
(C) efficient
(D) efficiency

선택지를 보니 같은 단어를 변형한 것이므로 '**문장구조를 묻는 문제**'이다 또한 선택지에 '**비교표현**'인 more가 있으므로 비교표현을 묻는 문제이기도 하다. 빈칸 앞두로 as가 있으므로 비교표현 중 '**같다**'를 생각하자. 또한 빈칸 앞쪽에 **be동사**가 있으므로 '**동사덩어리 + 비교표현(같다)**'을 묻는 문제이다. 같은 것을 비교할 때, 원급을 사용하고 be동사 다음은 형용사가 올 수 있으므로 이를 둘다 충족하는 **선택지는 (C)**이다. 비교표현의 문제를 푸는 요령은 빈칸 앞에 as를 없다고 생각하고 문제를 풀면 문장 구조가 훨씬 잘 보인다. 여태까지 우리는 '**같다**'는 비교표현인 '**as ~ as**'를 그냥 외워서 사용해 왔다. 왜 그러한지에 대한 최소한의 이해조차 없이 공부한 지식은 죽은 지식이다. 이번 기회에 아래 사진 기사를 통해 이에 대한 원리를 체득해보자.

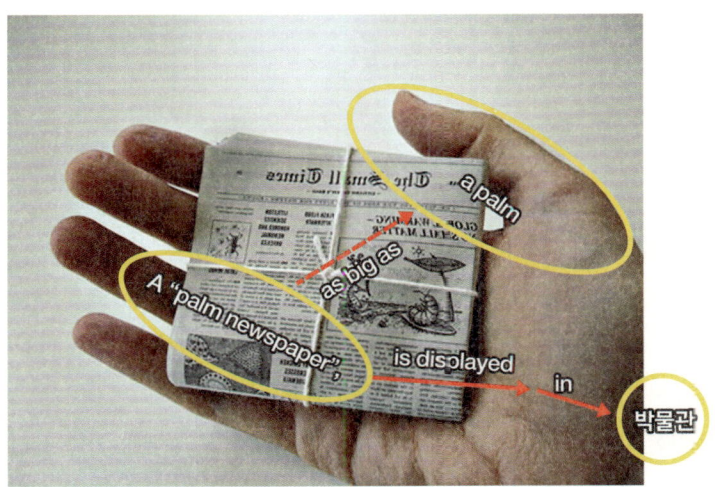

A "palm newspaper", which is as big as a palm, is displayed in the museum.

'손바닥 신문' ▶ which ▶ 이다 ▶ as ▶ 큰 ▶ as ▶ 손바닥 ▶ 전시되어 있다 ▶ in ▶ 박물관

A "palm newspaper", which is as big as a palm

사진에 보이는 손바닥만한 신문이 주어다. 거기에 관계사 which로써 곁그림을 그리면서 신문에 대한 부가설명이 시작된다. which 다음에 존재를 나타내는 be동사가 오고, 그 뒤에 as big as가 이어졌다.

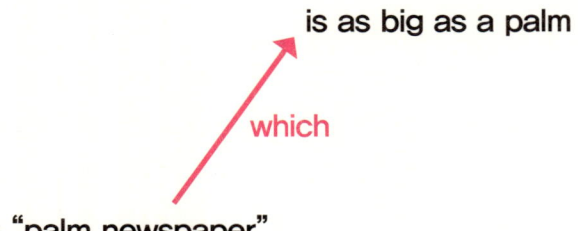

which is as big as a palm을 사진과 순서대로 비교해보자.

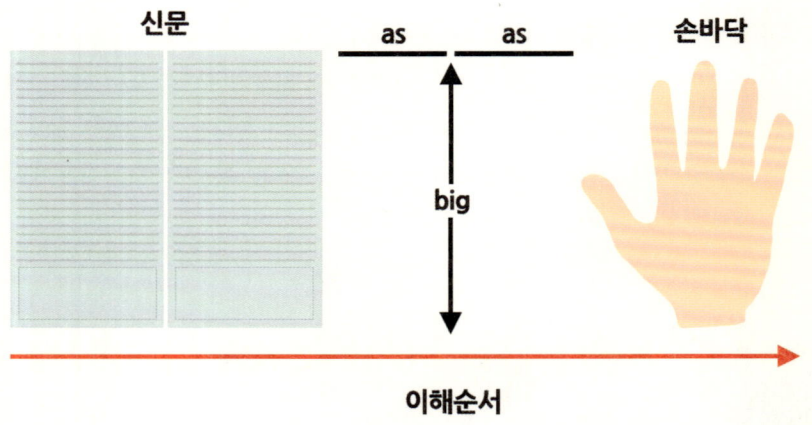

as big as a palm을 "손바닥만큼 크다"로 해석하면 간단할 듯 보이지만, 이는 영어식 사고 형성에는 독약이다. 주어인 신문에서부터 '크기'를 생각해 보고 나아가서 비교 대상인 '손바닥'으로 이어져야 한다. 먼저 주어인 '손바닥 신문'이 as big이다.

as의 기본 개념인 '='을 적용하면, "손바닥 신문이 이만큼(=)크다". 그리고 또 as가 왔다. "같은 크기인 것"이 신문 위에 대어보는 "한 손바닥"이다. 즉 '손바닥 신문▶이 만큼 ▶ 큰 ▶ 같은 정도는 ▶ 한 손바닥'이 되는 것이다. 그리고 나서, which를 통해 곁그림으로 빠져 나갔던 주어 A palm newspaper에 이어 is로써 다시 본

그림이 아래와 같이 그려진다.

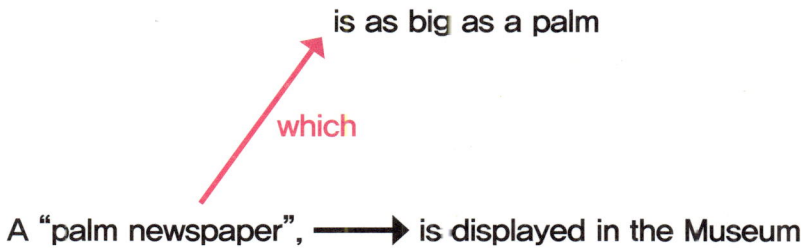

따라서 주어인 '**손바닥 신문**'에 대해 **곁그림**으로 빠져서 설명하고 다시 본 그림인 전시되어 있다(**is diaplayed**)가 나온다음에 장소는 '**박물관**'으로 마무리가 된다. 이와 같이 주어 다음에 명사에서 빠지져 설명하는 흐름을 이해하는 것이 관계사의 핵심이다. 다시 말해, 앞 명사에 대해 곁그림으로 설명하는 구조, 그것이 연결어의 하나인 관계사이다.

관계사 **which**는 연결어로 다음 장(Chapter 03 원리만 알면 쉽게 푸는 연결어문제의 비밀)에서 자세히 다루도록 하고 다음 마지막 문제를 통해서 파트 5,6에서 가장 중요한 ①문장구조를 묻는 문제에서 ②연결어를 묻는 문제로 넘어가자.

---

05 Its current marketing strategy is not _____ efficient as the old one.

(A) as
(B) more
(C) than
(D) to

선택지를 보니 연결어가 주를 이루고 있다. 따라서 **알맞은 연결어를 묻는 문제**라고 볼 수 있다. 그러나 선택지를 조금 면밀히 보면 비교표현에 해당하는 **연결어(as, than)**이 있고 **more**도 있으므로 비교표현에 해당하는 연결어를 묻는 문제라고 볼 수 있다. (그러므르 사실 문장구조를 묻는 문제에 가깝다) 빈칸 뒤 형용사 다음에 **as**가 나왔으므로 '같다'라는 비교표현인 (A) **as**가 정답이다.

Chapter 03

원리만 알면 쉽게 푸는 연결어 문제풀이 비법 – Part 5, 6

Unit 08 전치사와 접속사의 차이점만 알면 해결된다.

토익 파트 5, 6에서 **20%**정도를 차지할 정도로 '**알맞는 연결어를 묻는 문제**'는 다수 출제된다. 공부해야할 양이 많은 어휘문제보다는 **연결어는 상대적으로 훨씬 적고 문장을 이루는 뼈대의 역할을 하기 때문에 우선해서 공부해야 한다.**

우선적으로 연결어의 종류를 살펴보면, 다음과 같다.

연결어의 종류

- 명사(덩어리)와 명사(덩어리)를 연결해주는 말 : 전치사
- 명사(덩어리)와 문장을 연결해주는 말 : 관계사
- 문장과 문장을 연결해주는 말 : 접속사
- 동사와 연결어의 역할을 동시에 하는 말 : 동사변형

> 알맞은 연결어를 묻는 문제 중 가장 중요하고 매달 출제되는 내용 중 하나는 '전치사와 접속사 구별하기'이다. 따라서 선택지에 전치사와 접속사가 둘 다 있으면 두 개의 차이를 묻는 문제일 가능성이 매우 높다.

아래 사진기사를 통해서 접속사와 전치사의 차이를 알아보자.

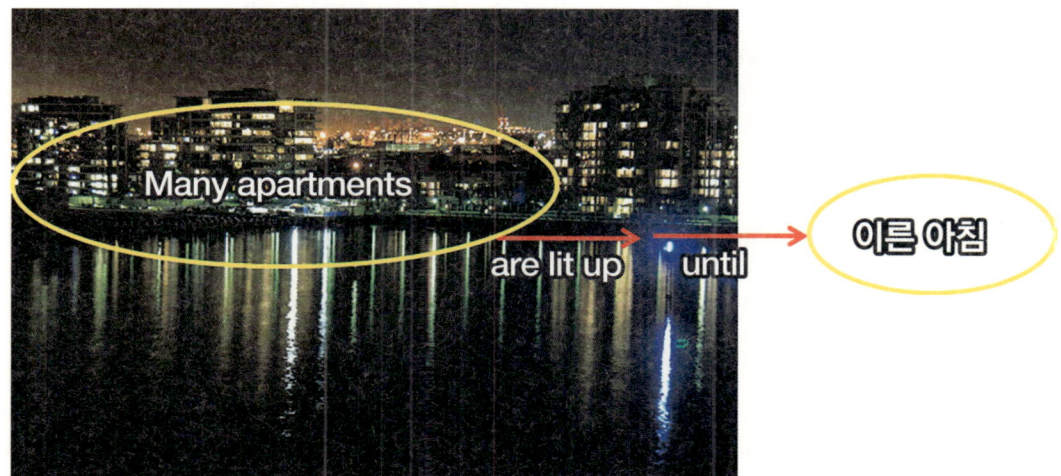

Many apartments are lit up until early morning as people watch Olympic games on television.

많은 아파트들▶불 밝혀지다▶until▶이른 아침▶as▶한국 사람들▶보다▶올림픽 경기들▶on▶텔레비전

주어는 사진에서 정면으로 보이고 있는 많은 아파트들이다. 다음에 'be+lit(light의 과거 분사형)'가 이어져 있다. light가 '불 켜다'인데, be lit로써 주어가 힘을 받는 형국이니 Many apartments are lit up은 "많은 아파트들이 불 켜지다"가 된다.

until early morning

자, 이젠 until을 '~까지'라고 해서는 안 될 거라는 짐작이 들 것이다.
until 뒤에 나온 문장을 다 거꾸로 해석한 뒤 until을 마지막에 덧붙여 앞의 문장으로 거슬러오자면 허겁지겁히

야 할 것이다. 이래서 지금까지 마냥 영어가 힘들게만 느껴졌던 것이다. 그러나 무조건 영어는 주어에서 순서대로 이해해야 함을 명심하고, 사진을 통해 until의 의미를 재발견해보자. **Many apartments are lit up until early morning**을 그림으로 표시해봤다.

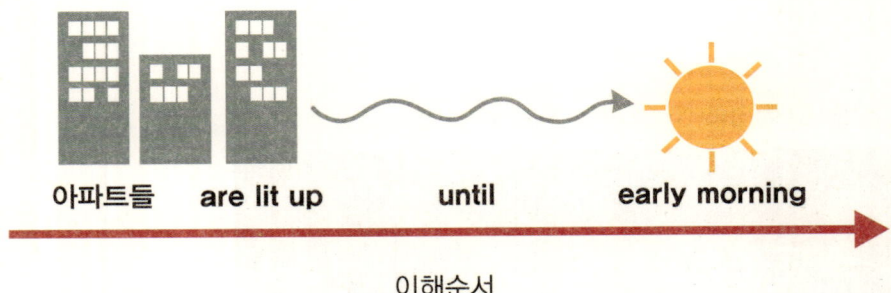

이해순서

불이 켜진다는 건 날이 어둡다는 건데, until 다음에 '**이른 아침**'이와 있다. 그렇다면 그림에서 보이듯 순서상으로 "**이른 아침까지 불이 켜지다**"가 맞겠는가, 아니면 "**불이 죽 켜져 있다가 꺼지는 때가 이른 아침**"이라고 하는 것이 더 맞겠는가? 여기서 우리는 until이 앞서 일어난 상황이 죽 지속되다가 끝나는 시점이 언제인지 설명해 주고 있음을 알 수 있다.

문장구조적인 측면에서 보면 until은 '**이른 아침**'이라는 명사덩어리를 연결하므로 전치사에 해당하는데 앞의 동작이 언제까지 진행이 되는지 그 종점을 알려주는 신호라고 보면 된다. 따라서 until을 만나면 "**접하여 지속하다 만나는 목적지는~**"이라고 새기면 딱이다. 그리고 이어지는 내용을 계속 살펴보자.

as Koreans watch Olympic games on television.

새로운 그림이 as를 매개로 하여 이어지고 있는데, 이 as는 뒤에 바로 명사가 올 수도 있고 문장이 올 수도 있다. 위 문장처럼 as 뒤에 문장이 올 때 as를 '~ 할 때'라는 식으로 이해하게 되면, as 뒤에 나오는 문장을 먼저 거꾸로 해석하고 as를 나중에 가져다 붙이는 식으로 이리저리 꼬인 해석이 되고 만다. 그냥 as가 나오자마자 "**같은 시각에 벌어지는 일은~**"이라고 이해한 뒤 다음으로 넘어가면 그만이다. as의 기본 개념은 'A=B' 할 때의 =로 받아들이면 된다.

이렇게 as 뒤에 문장이 올 때 as는 문장을 연결하는 접속사에 해당하고 as 다음에는 '**주어+동사**'가 온다.

이제 같은 시각에 벌어진 일이(as) 무엇인지 보자.

Koreans watch Olympic games on television, 주어인 '**한국 사람들**'이 보고 있는데 그 대상이 '**올림픽 경기들**'이다. 그리고 그 경기가 면을 접하는 대상이 '**텔레비전**'이다. 자, 안방에서 TV를 보고 있는 여러분 자신을 떠올려보라. '**여러분이 ▶ 보고 있고 ▶ 보고 있는 것이 어떤 프로그램이고 ▶ 그 프로그램이 보여지는 면이 ▶ 텔레비전 스크린이다.**' 이렇게 영어는 순서에 죽고, 순서에 사는 언어이다. 그래서 순서만 제대로 맞춰도 훌륭한 영어가 된다.

다시 전체를 정리해보자. 많은 서울 아파트들이 불이 밝혀져 있는데 그게 끝나는(꺼지는) 시점이 '**이른 아침**'이다. 이제 as를 통해 이 시점에 벌어지는 일을 살피기 위해 아파트 안으로 시선을 옮겨 보자. 불 켜진 아파트 안에는 '**한국 사람들**'이 보고 있고, 그것이 '**올림픽 경기들**'이며, 그 경기들이 보이는 면을 보니 바로 '**텔레비전**'이다. 이렇게 주어가 바라보는 대상을 설명하는 경우도, 주어 자신에서부터 출발할 경우 가장 가까운 사실부터 나열하듯이, 주어가 가장 먼저 인식하는 부분부터 말한다. 그리고 나서 그 안으로든, 더 세부적으로든 살펴보게 되는 순서로 표현된다. 영어는 이렇게 모든 것을 주어에서 순서대로의 구조로 파악한다는 걸 잊지 말자.

전치사 : 명사(덩어리)인 early morning을 연결하는 요소

Many apartments are lit up **until** early morning **as** people watch Olympic games on television.

접속사 : (1) 아파트 불이 켜져있는 내용의 문장과
(2) 사람들이 올림픽 경기를 시청하고 있는 내용의 문장을 연결해 주는 요소

전치사 ▶ 명사(덩어리) 연결어

접속사 ▶ 문장(주어+동사)연결어

따라서 다음과 같은 공식이 가능하다.

연결어 공식 01
전치사는 명사덩어리를 연결하고 접속사는 문장을 연결한다.

01 The board members were introduced to the new financial vice president _____ their meeting yesterday.

(A) while
(B) into
(C) during
(D) even

선택지를 보니 서로 다른 단어로 이루어져 있는데, 주로 연결어이므로 알맞은 연결어를 묻는 문제임을 알 수 있다. **연결어를 묻는 문제는 전치사와 접속사의 차이를 묻는 경우가 압도적으로 많으므로 이를 우선적으로 점검해야 한다.** 빈칸 뒤가 명사(덩어리)이므로 이를 연결해줄 전치사가 필요하다. 따라서 **정답은 (B)와 (C)로 압축**이 되는데, **문맥상 진행되고 있는 것을 나타내는 (C)during이 정답**이다.

해석 어제 회의하는 동안 이사회 임원들이 새로운 재무부 부사장에게 소개 되었습니다.

02 All employees must wear the safety equipment _____ the machine is operating.

(A) during
(B) by
(C) over
(D) while

선택지를 보니 서로 다른 단어로 이루어져 있는데, 주로 연결어이므로 알맞은 연결어를 묻는 문제임을 알 수 있다. **연결어를 묻는 문제는 전치사와 접속사의 차이를 묻는 경우가 압도적으로 많으므로 이를 우선적으로 점검해야 한다.** 빈칸 뒤가 문장이므로 이를 연결해줄 접속사가 필요하다. 따라서 **정답은 선택지 중 유일한 접속사인 (D) while**이다.

해석 모든 직원들은 기계가 작동 중 일 때, 안정장비를 착용하고 있어야 한다.

03 The charts, tables, and illustrations contained in the textbook may not be reproduced _____ written permission from the publisher.

(A) unless
(B) if
(C) without
(D) when

선택지를 보니 알맞은 연결어를 묻는 문제임을 알 수 있다. **연결어를 묻는 문제 출제 1순위는 전치사와 접속사의 차이를 묻는 경우다.** 빈칸 뒤가 문장이 아닌 명사(덩어리)이므로 이를 연결해줄 전치사가 필요하다. **선택지에서 전치사는 (C) without 하나이므로 정답**이다.

해석 교과서에 포함된 도표, 표, 삽화 등은 출판자의 서면 허락 없이 복제될 수 없을 것이다.

04 _____ the rise in unemployment, many employers are having difficulties finding qualified personnel.

(A) Unless
(B) Not only
(C) Despite
(D) Even though

빈칸 뒤가 문장이 아닌 **명사(덩어리)이므로 이를 연결해줄 전치사가 필요하다. 선택지에서 전치사는 (C)Despite 하나이므로 정답**이다.

콤마(,)는 토익 파트 5, 6에서 보통 주어로 시작하지 않는 문장에 사용된다. 따라서 이는 문장구조를 구분하는 중요한 역할을 하게 된다. 주어로 시작하지 않는 경우는 보통 전치사와 접속사로 시작하는데 구조는 다음과 같다.

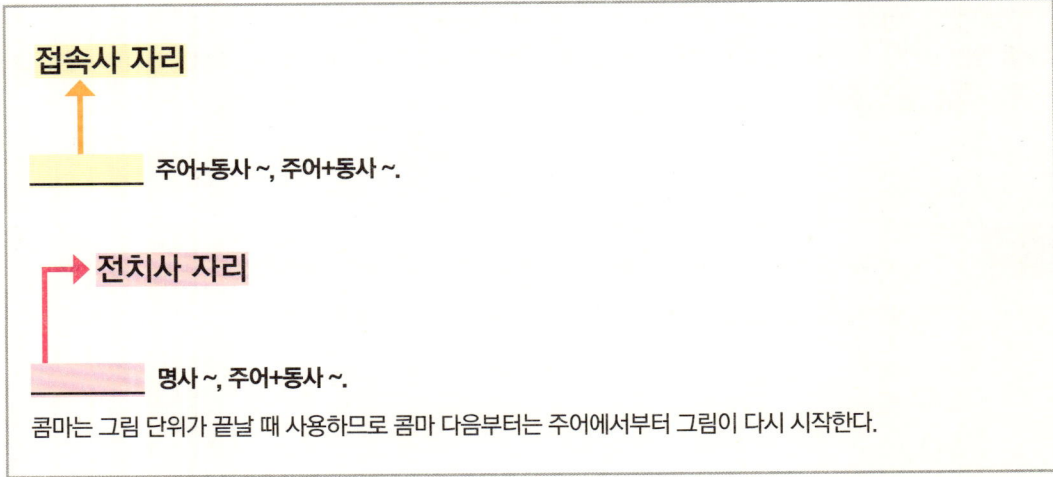

해석 실업률 증가에도 불구하고, 많은 고용주들이 자격을 갖춘 직원을 구하는 데 어려움을 겪고 있습니다.

05 _____ the marketing department is underfunded, they have presented some very impressive promotions this year.

(A) Despite
(B) However
(C) Although
(D) Whether

위 문장을 구조화 하면 다음과 같다.

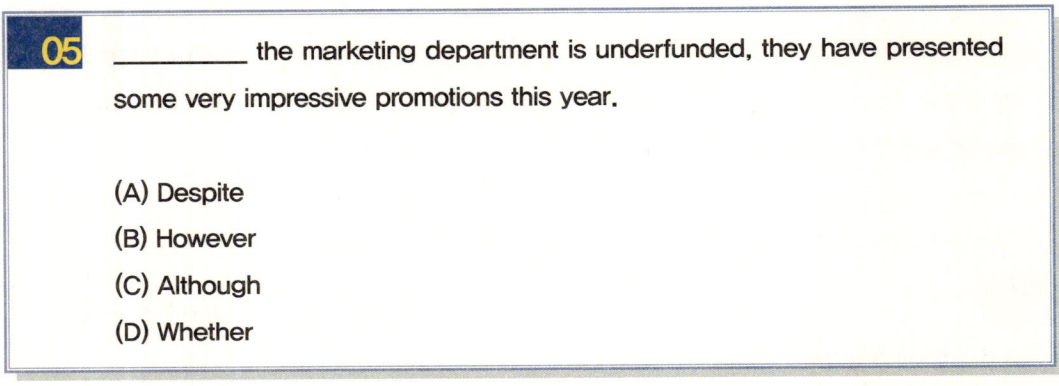

따라서 빈칸 뒤가 문장이므로 이를 연결해줄 접속사가 필요하다. 그러므로 전치사 (A) **despite**는 **정답에서 배제하자.** 두 문장이 서로 어긋나는 내용이므로 [자금을 덜 받음 ↔ 인상적인 홍보] 문맥상 서로 어긋나는 문장을 연결할 수 있는 (C) **Although**가 적절하다.

해석 마케팅부서가 자금을 덜 받았음에도 불구하고, 인상적인 홍보를 올해 보여주었다.

Unit 09 명사와 명사를 연결하는 전치사 바로잡기

영어의 기본문은 '**주어** ▶ **동사** ▶ **대상**', 즉 주어로부터 동사를 거쳐 대상에 이르기까지 주어에서 나온 하나의 힘이 관통되고 있어서 구태여 중간에 무슨 연결고리가 없어도 하나의 완결된 단위가 된다. 이해하는 데도 전혀 문제가 없다. 그런데 여기서 문장을 더 전개시켜 '**주어+동사+대상**'의 기본그림에다 명사를 더해보자. 예를 들어 'I study English'에다 'Tom'을 더해 보자.

'I study English Tom.' 이해가 되는가? '**나→공부하다→영어**'까지는 유기적 관계로 단어 나열만으로도 이해되지만 그 다음에 나온 Tom과는 어떤 관계인지 도무지 알 수가 없다. <u>그래서 필요한 것이 바로 연결고리 역할을 하는 전치사이다. 그래서 'A+전치사+B'의 구조가 되는데, 여기서도 이해의 순서는 당연히 단어의 배열순서로 'A→전치사→B'이다.</u> 그런데 우리는 이제껏 '전치사+B'를 한 세트로 묶어서 "B를 ~" 하는 식으로 해석해왔다. 즉 전치사를 단지 뒤에 있는 B로부터 해석할 대상으로만 여겨왔지 양면을 아우르는 연결고리로 보지 못했던 것이다.

전치사는 뒤의 명사보다는 앞에 놓여 있는 대상과의 관계에 더욱 신경을 써야 한다.

우리가 **기존에 잘못 배웠던 전치사를** 다시 **바르게 이해하기 위해서는** 다음을 반드시 염두에 둬야 한다.

전치사는 두 대상(사물, 개념) 사이의 상관관계를 알려주는 역할을 한다. 한마디로 연결고리 구실을 하는 셈이다. '**A+ 전치사+B**'로써 A와 B사이의 **시공간적 위치, 방향, 움직임, 상호 영향력(힘)의 관계**를 보여준다는 것이다. 그런데 여기서 중요한 점은 **주어의 관점에서 볼 때 먼저 A가 있고 그 다음에 유기적 상관관계를 알려주는 전치사가 오고 그런 뒤 B가 온다는 순서**이다. 예컨대 'A under B'의 경우 "B 아래에 A"가 아니 라 "A가 아래쪽에 있고 위에서 덮고 있는 것이 B"라는 점이다. 결국 같은 상황을 말하는 것이지만, 중요한 것은 단어가 나온 순서대로 시점이 이동해가면서 동시에 이해하고 있느냐 하는 점이다.

애니메이션 영화 〈인어공주〉를 보면, 바다 밑에서 물고기들이 "Under the sea! Under the sea!" 하며 노래하는 장면이 나온다. 그런데 흔히 생각하듯 이게 그냥 "**바다 밑! 바다 밑!**"이 아니다. 이 문장의 주어는 지금 노래를 부르고 있는 물고기들이다. 따라서 물고기들로부터 순서대로 그림이 나아가야 한다. 지금 물고기들이 있는 곳은 '**아래**'이고 그 다음으로 위에 '**바다**'가 있지 않는가. 그래서 '**(물고기)→Under→the sea**'인 것이다. 전치사란 앞과 뒤에 있는 두 단어 사이의 상관관계를 보여주는 것이라고 했다.

원어민들은 "under"라는 단어가 나오는 그 순간 이미, (명시된 A이든 생략된 A이든 간에) **먼저 A가 아래에 있고 다음으로 위에서 뭔가 덮고 있구**나 하고 감을 잡은 채 다음 말을 기다리게 되며, 그 다음에 그 무엇이 B임을 확인하게 된다는 얘기다. 이렇게 전치사 자체가 독립적으로 주어와 뒤에 나오는 명사의 유기적 상관관계를 내포하기 때문에, **전치사 앞의 A나 뒤의 B 어느 하나가 생략되어 있는 상황에서도 온전히 상호관계를 파악**할 수 있는 것이다.

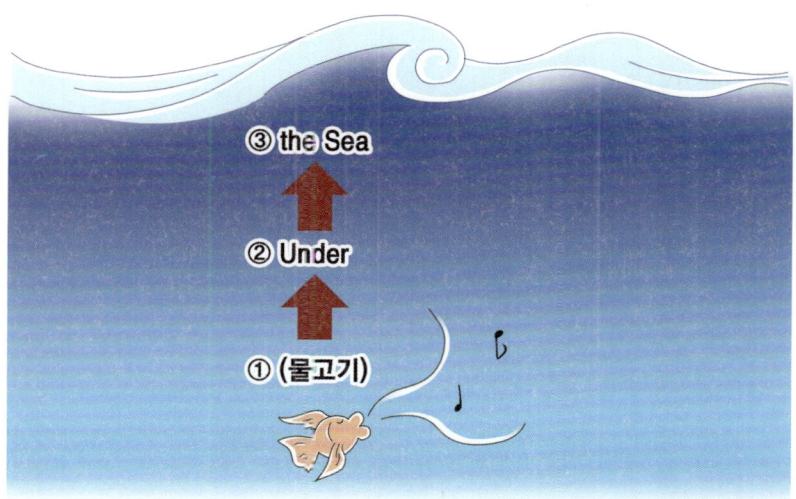

이렇게 **전치사는 기본적으로 명사(덩어리)와 명사(덩어리)를 연결하는 도구**로 때에 따라서는 동사와 결합하여 **명사를 연결**하기도 한다. 연결어의 한 종류인 '**전치사**'는 앞에서 살펴본 좌와 같이 기존 방식에서 **180도 사고의 전환**이 필요하며, 특히 **동사에서 이어지는 힘의 연속적인 흐름으로 전치사를 바라봐야 한다.**

이제는 이와 같은 원리가 토익문제에 어떻게 적용되는지 앞서 풀어본 문제를 통해 다시 살펴보자.

01   A volunteer receives money _____ a woman in the market.

(a) from
(b) between
(c) behind
(d) to

선택지를 보면, 서로 다른 단어인데 연결어으 하나인 전치사 단어이므로 알맞은 연결어를 묻는 문제이다. 전치사는 단어와 단어를 연결해주는 말로 주어에서부터 순서대로 그림을 그리면서 알맞은 전치사를 찾으면 된다. 주어에서 부터 순서대로 그림을 그려 나가면, 전치사는 주어의 동작(동사)에 따라 결정되는 경우가 많다.
예를 들어, **주어에서 나오는 힘이 앞으로 당기는 힘(pull, draw)이면 뒤에 힘을 받는 대상은 앞쪽으로 당겨지니, 뒤에 올 전치사는 그 대상이 앞쪽으로 움직여온 출발지를 나타내는 from이 오게 마련이다.** 이를 힘의 연속성이라고 한다.

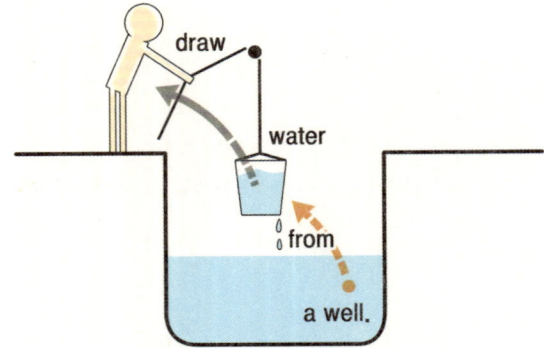

그림과 같이 ◀ ◀ 이렇게 연속으로 이어지는 느낌이다.

마찬가지로 receive도 단순히 '**받다**' 이렇게 볼 것이 아니라 동작을 해보면 물건을 받으면서 **자기 쪽으로 당기는 힘이므로 알맞은 전치사는 from**이다.

따라서 다음과 같은 공식을 만들 수 있다.

> **연결어 공식 02**
>
> **선택지에 전치사로 이루어져 있다면, 빈칸 앞 동사와의 어울림(힘의 연속성)을 먼저 생각하자.**

02 Once a leading mobile phone manufacturer, Nokia's sales have fallen _____ those of its competitors in recent years.

(A) behind
(B) beside
(C) between
(D) beyond

선택지를 보니 서로 다른 전치사(연결어)로만 이루어져 있으므로 알맞은 연결어를 묻는 문제이다. **빈칸 앞의 동사(fall)가 있으므로 동사와의 힘의 연속성을 먼저 생각해보자. 판매량이 떨어지는(fall) 상황**이므로 뒤쳐지는 그림인 전치사 **(A) behind**가 가장 적절하다. 이와 같은 개념으로 **the rent(집세) is behind.** 하면 집세가 뒤쳐지는 그림이므로 집세가 밀렸다는 말이다.

해석 한때 핸드폰 생산의 선두 업체였던 Nokia의 판매량이 최근 몇 년 사이 경쟁업체의 판매량에 못 미치도록 떨어졌습니다.

03 All the food was distributed _____ the people that were there.

(A) between
(B) among
(C) beside
(D) about

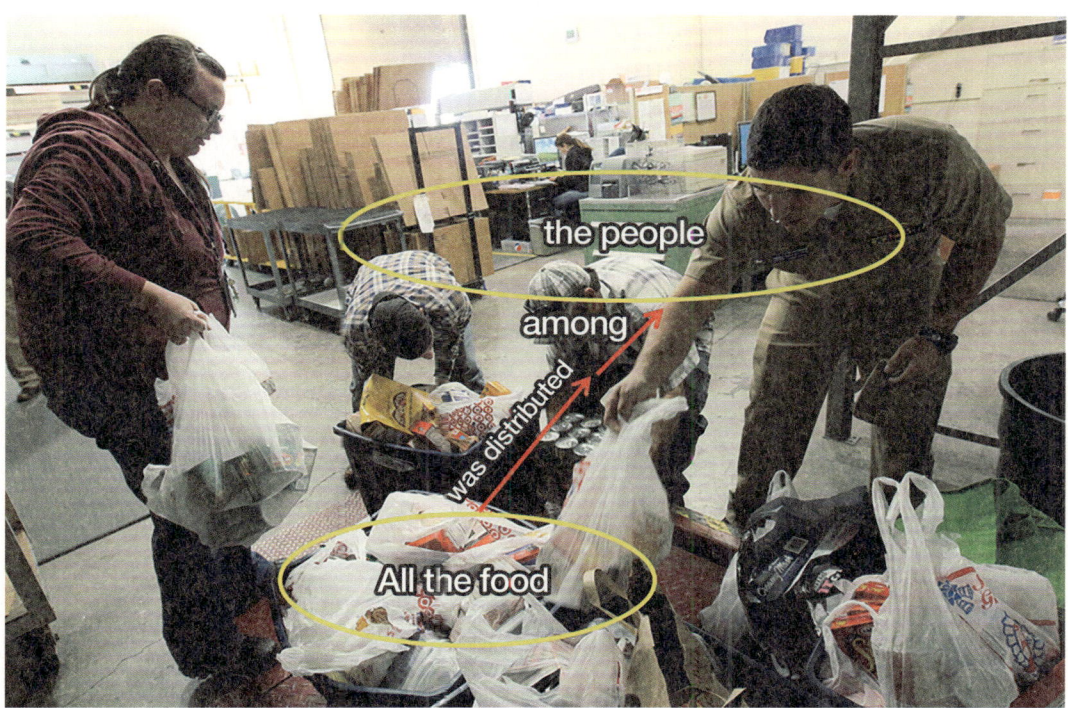

선택지를 보니 서로 다른 전치사(연결어)로만 이루어져 있으므로 알맞은 연결어를 묻는 문제이다. 빈칸 앞의 동사(be distributed)가 있으므로 동사와의 힘의 연속성을 먼저 생각해보자. 음식과 옷이 배분되는(be distributed) 상황이므로 가운데서 주위의 여럿으로 배분되는 그림이다 따라서 이에 알맞은 **전치사는 (B) among**이다.

04 Mr. Brown's new office is located _____ the ninth floor of the Silver Building in downtown Pusan.

(A) on
(B) of
(C) to
(D) in

선택지를 보니 서로 다른 전치사(연결어)로만 이루어져 있으므로 알맞은 연결어를 묻는 문제이다. 빈칸 앞의 동사(be located)가 있으므로 동사와의 힘의 연속성을 먼저 생각해보자. 위치가 정해지면(be located) 그 다음에는 그 위치가 어디인지에 대한 그림이 나와야 한다. **빈칸 뒤는 9층이므로 접하는 면에 해당하는 전치사 (A) on이 정답**이다.

해석 브라운 씨의 새 사무실은 부산 중심가에 있는 실버 빌딩의 9층에 있다.

05 The president has a morning meeting _____ executives from the company which they are currently in negotiations with.

(A) around
(B) until
(C) above
(D) with

선택지를 보니 서로 다른 전치사(연결어)로만 이루어져 있으므로 알맞은 연결어를 묻는 문제이다. 빈칸 앞의 동사(meet)에서 온 명사(meeting)이 있으므로 동사 meet 와의 힘의 연속성을 먼저 생각해보자. 만나면(meet) 함께하는 것이므로 함께함을 나타내는 전치사 with가 가장 적절하다. 따라서 **정답은 전치사 (D) with**이다.

해석 회장이 현재 협상하고 있는 회사에서 온 중역들과 아침 회의를 하고 있다.

06 If any part of their home extends _____ the property line, residents in the community may be cited for violations.

(A) beyond
(B) against
(C) toward
(D) for

선택지를 보니 서로 다른 전치사(연결어)로만 이루어져 있으므로 알맞는 연결어를 묻는 문제이다. **빈칸 앞의 동사 (extend)가 있으므로 동사와의 힘의 연속성**을 먼저 생각해보자. extend는 확장하는 그림이므로 주어인 집에 일부분이 확장하면 경계선(line)을 침범할 수 있다. 이러한 경계선을 넘는 그림으로 (A) **beyond**가 가장 적절하다. 아래의 그림처럼 배구에서 손을 뻗으(**extend**)면 경계선인 네트를 넘어선다. 이러한 넘어서는 그림이 **beyond**이다.

해석 그 지역의 거주자들은 그들의 집의 어떤 부분이라도 토지 경계선을 벗어난다면 침입으로 법정에 소환될 수 있습니다.

> **연결어 공식 03**
>
> 선택지에 전치사로 이루어져 있고 동사와의 연관성이 없다면, 빈칸 뒤 명사와의 어울림을 생각하자.

07 _____ a rescue worker, Mr. Kim has a comprehensive knowledge of safety precautions.

(A) Around
(B) As
(C) Through
(D) Into

빈칸 뒤의 명사 **a rescue worker**(구조원)를 보면 사람 명사임을 알 수 있고, **as는 같음(=)을 나타내는 전치사**로 토익에서는 사람 앞에 쓰여 자격(직업, 역할)을 나타내는 전치사로 주로 사용된다. 따라서 (B) **전치사 as**가 정답이다.

$$\text{Mr Kim} \overset{as}{=} \text{a rescue worker}$$

해석 안전 조치에 대한 구조대원으로서 김 씨는 광범위한 지식을 가지고 있습니다.

08 We have a right to delete any reviews that are _____ our policy described below without obtaining permission from you.

(A) against
(B) for
(C) along
(D) through

빈칸 뒤의 명사가 **정책(our policy)**이므로 이와 어울리는 전치사는 정책을 찬성하는 **전치사 for** 또는 반대하는 **전치사 against**가 가장 적절하다. 정책에 반하는 논평은 삭제될 수 있다는 내용이므로 **문맥상 (A) against가 정답**이다.

해석 당신의 허락을 얻는 것 없이 우리는 아래 기술된 정책에 반하는 경우에 어떤 논평이라도 삭제할 수 있는 권리를 가집니다.

반대하고 맞서는 전치사 against를 다음 사진기사와 함께 좀 더 배워보자.

A tiger fights against the other one in a pool of water at the zoo.

A tiger fights

그림에 호랑이가 둘 보입니다. 주어가 왼쪽에 있는 호랑이입니다. 싸우고 있네요.
그리고 나서 against가 등장했습니다.

A tiger fights against the other one

호랑이가 싸우는데 빨간 화살표를 따라가다 보면 싸우는 상대 호랑이가 나옵니다. 주어인 한 호랑이(왼쪽)가 지금 대항하는 대상이 누굽니까? 다른 호랑이(오른쪽)입니다. 이렇게 against를 보자 마자 바로 '**대항하는 대상은~**'하고서 바로 다음의 그 상대를 기다려야 합니다. **against**는 '**~를 대항해서, ~에 대해서**'가 아니라, 바로 내가 맞서는 대상이 나와야 하는 거죠. 그냥 against만 나오고 뒤에 이어지는 말이 아직 나오지 않았더라도 **fight** 싸우다 그러면 맞서는 대상은 누구지? 이렇게 기대하면서 문장을 읽어 나가면 되는 겁니다.

그리고 나서 이어지는 내용은 **in a pool of water at the zoo**입니다. in은 이미 여러 번 했죠? '**안에 있고 둘러싼 것은~**'하고 그 다음에 웅덩이가 나오는 겁니다. 그리고 웅덩이와 밀접하게 관련이 있는 것은 물입니다. 그리고 **at** 점으로 만나는 장소는 동물원입니다.

A tiger ▶ fights ▶ against ▶ the other one ▶ in ▶ a pool ▶ of ▶ water ▶ at ▶ the zoo.

토익의 소재는 비즈니스이다. 따라서 '**마감일, 기한, 기간 등의 시간 관련 표현**'이 많이 나오는데 이에 알맞는 전치사를 묻는 문제가 많이 출제된다.

연결어 공식 04

선택지에 전치사가 있고, 빈칸 뒤에 시간개념이 나오면 이와 관련된 전치사를 중심으로 봐야 한다.

09 If you have a problem with your purchase, please return it with the receipt _____ 2 weeks of purchase.

(A) against
(B) unless
(C) within
(D) once

선택지가 접속사, 전치사로 이루어져 있으므로 알맞는 연결어를 묻는 문제이다. 우선 빈칸 뒤가 **문장(주어+동사)이 아니므로 빈칸은 전치사가 와야 한다.** 따라서 전치사에 해당하는 선택지인 (A) **against**와 (C) **within** 중에 정답이 있다. 빈칸 뒤가 **2주라는 기간**이 나왔으므로 **기간과 함께 쓰여 시간의 범위를 나타내는 전치사는 (C) within(둘러싼 시간의 범위~)이 유일하므로 정답**이다.

10 Under the new law, foreign students are allowed to work _____ a maximum of twenty hours per week in Australia.

(A) for
(B) on
(C) from
(D) since

선택지가 전치사로 이루어져 있으므로 알맞는 전치사를 묻는 문제이다. 우선 빈칸 뒤에 **시간(기간)을 나타내는 말 (twenty hours)**이 나왔으므로 시간개념 중심으로 보자. **20시간을 앞에 나올 수 있는 전치사는 기간을 지칭할 수 있는 for가 유일**하다. 따라서 **(A) for 가 정답**이다. 전치사 **on**과 **since**는 뒤에 특정한 시점이 온다. **since**는 뒤에는 특정시점이 온다. ex) on April 24, since 1976

해석 새 법에 따르면, 호주에서는 외국 학생들이 주당 최대 20시간 동안 일하도록 허용된다.

시간 관련 전치사는 크게 1)**시점을 나타내는 말**과 2)**기간을 나타내는 말**로 나눌 수 있는데 전치사의 의미차이를 묻는 문제 중에 가장 빈번히 나오므로 이번 기회에 정리해보자.

❶ 시점　　　　　　　　　at, on
❷ 시점 이후, 이전, 계속　　before, after, until, since
❸ 기간　　　　　　　　　for, through(out), in, within

11. Mobile games continued to be the most frequently downloaded applications on the site ---------- the month of January.

(A) at
(B) between
(C) throughout
(D) forward

선택지가 전치사로 이루어져 있으므로 알맞는 전치사를 묻는 문제이다. 우선 빈칸 뒤에 시간(기간)을 나타내는 말(the month of January)이나 나왔으므로 시간개념 중심으로 보자. 1달이라는 기간을 나타내는 말 앞에 나올 수 있는 전치사는 **throughout**이 유일하다. 따라서 **정답은 (C)**이다. 전치사 **at**뒤에는 특정한 시점이 온다.

해석 휴대폰 게임은 1월 달 동안 그 사이트에서 계속해서 가장 빈번하게 다운로드 받아온 애플리케이션이다.

Unit 10 문장과 문장을 연결하는 접속사 바로잡기

말을 늘리는 방법 중 가장 일반적인 형태는 **'주어+동사(기본 단위)'**와 **'주어+동사(기본 단위)'**를 1대1 대응으로 합치는 경우로 이때 **두 개의 기본 단위를 연결하기 위해 '접속사'가 필요**하다.

일단 아래 사진을 통해서 접속사부터 제대로 다시 배워보도록 하자.

Oprah Winfrey poses atop a car while she is surrounded by some of the people from the audience of her show outside her studio.

오프라 윈프리 ▶ 포즈를 취하다 ▶ atop ▶ 한 대의 자동차 ▶ while ▶ 그녀 ▶ 둘러싸여있다 ▶ by ▶ 일부 ▶ of ▶ 사람들 ▶ from ▶ 관객들 ▶ of ▶ 그녀의 쇼 ▶ outside ▶ 그녀의 스튜디오.

Oprah Winfrey poses atop a car

사진에서 보듯 토크쇼 진행자 '오프라 윈프리'가 앉아 있는 포즈를 취하고 있다. 그리고 이어진 atop은, 윈프리가 앉아 있고 그 앉아 있는 위치가 바로 atop, 즉 '꼭대기'란 얘기이다. 앞으로는 atop을 "~의 꼭대기에"라는 식으로 해석하지 말자. 어순대로 윈프리가 꼭대기에 포주를 취하고 있고, 그게 어디의 꼭대기인가하고 아래로 시선을 옮겨보니 '자동차'인 것이다. 결코 어순을 바꿔 이해하지 마시라!

하나의 그림이 끝나고, **while**을 기점으로 새로운 그림이 시작되고 있다. 이전에 했던 방법이야 뒤로 이어지는 문장을 다 해석하고 난 뒤 그걸 가져다가 **"~하는 동안에"**라고 하는 것이었지만, 이건 따지고 보면 참으로 엉뚱한 방법이다. 영어란 있는 모습 그대로 이해하면 그만이다. 이제부터는 그냥 while은 **"동시간대에 일어나는 일은~"**이라고 새기면 된다. while에 이어 주어인 '**그녀**'가 온다. 사진을 보면 지금 윈프리가 둘러싸고 있는가? 아니면 둘러쌈을 당하고 있는가? 당연히 둘러쌈을 당하고 있다. 힘을 받는 것이다. 그래서 **surrounded**는 **surround**의 과거형이 아니라 **be동사**와 함께 쓰여 힘을 받았음을 나타내는 **과거분사 형태**임을 알 수 있다. 그 다음에 그 힘의 원천을 나타내는 **by**를 통해 둘러싼 사람들이 **some of the people**이라는 것이다. 그 **사람들이 온 곳이(from)** 어딘가 보았더니 바로 the audience(관객)이며, of로써 그 밀접한 관계를 보니 바로 '그녀의 쇼'이다.

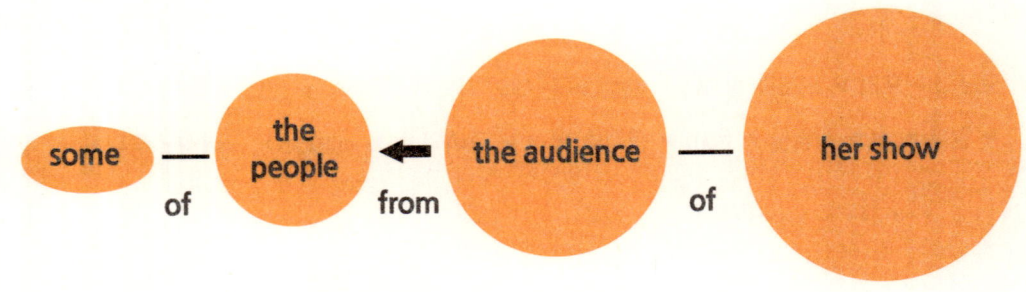

outside her studio.

그리고 이 일이 일어난 장소가 바로 **outside**(바깥)이다. 어떤 기준점의 '**밖**'에 있으니 그러면 그 상대되는 '**안**'은 뭘까? 그게 바로 '**그녀의 스튜디오**'이다.

자, 사진을 다시 보자. 사진 중앙에 나오는 사람이 유명인사인 '**오프라 윈프리**'다. 그 주어 다음에 당연히 동작이 왔다. 윈프리가 취하는 '**포즈**'를 따라가보니 '**앉아 있다**'. 앉아 있는 위치에 '**꼭대기**'이고, 아래를 보니 있는 것이 '**한 대의 자동차**'이다. 그때 동시간대에 일어난 일은, 그녀가 둘러싸여 있다. 둘러싼 '**일부의 사람들**'이 보인다. 원래 전체는 '**사람들**'이었다. 그들의 출발점은 '**관객들**'이며, 그 관객이 있던 곳은 '**그녀의 쇼**'이며, 지금 '**바깥**'쪽에 있다. 사진에는 안 나오지만, 이 장소의 안쪽은 '**그녀의 스튜디오**'이다.

정리하면, 위의 사진기사는 접속사 while이 (1)주어가 포즈를 취하는 내용과 (2)주어가 둘러쌓인 내용을 1:1로 연결하고 있다. 이를 문제에 적용해보자.

> **연결어 공식 05**
> **선택지가 접속사 or 부사로 이루어져 있으면 접속사가 정답일 가능성이 높다.**

01 James Denver's responsibilities include checking the facts _____ Steven Pleet has been assigned the job of typing a draft of their findings.

(A) also
(B) than
(C) moreover
(D) while

선택지를 보면 **접속사 or 부사**로 이루어져 있다. 빈칸 좌우를 보면 **동사가 두개** 있으므로 접속사가 필요하다. 그러나 선택지에서 접속사인 것은 (B)와 (A)뿐이다. 접속사 **than**은 비교에 사용되는 접속사이므로 **정답은 (D)**이다.

해석 제임스 덴버의 책무는 사실을 확인하는 것을 포함하는데 반해, 스티븐 플릿의 부과 받은 일은 그들의 연구 초안을 타이핑하는데 있다.

연결어 공식 06
선택지에 짝을 이루는 접속사가 있으면 그것부터 확인한다. (틀리면 억울한 문제)

02 When applying for colleges, it is important to consider ──────── the classes offered but also the background and experience of your future professors.

(A) either
(B) not only
(C) though
(D) as well as

선택지를 보니 연결어로 이루어져 있다. 그 중 '**짝을 이루는 접속사**'의 일부가 있으므로 이를 우선적으로 확인해 보자. 빈칸 뒤를 눈으로 주~욱 보니 **not only**와 짝을 이루는 **but also**가 있으므로 **(B)가 정답**이다.

'**짝을 이루는 접속사**'는 매달 출제되는 유형이므로 정리해두자.

both A and B	neither A nor B
either A or B	not only A but also B
not A but B	whether A or B

연결어 공식 07
'**접속사자리**'면 전체 문장을 다 읽어봐야 하는 경우가 있다.

03 _____ the investors had listened to the morning's presentations, they were served lunch in the boardroom.

(A) Before
(B) Around
(C) Following
(D) After

위 문장을 구조화 하면 다음과 같다.

접속사자리 주어+동사 ~, 주어+동사 ~.

따라서 빈칸 뒤가 문장이므로 이를 연결해줄 접속사가 필요하다. 그러므로 전치사인 (B) (C)는 정답에서 배제하자. 그러면 접속사 After와 Before가 남는다. 발표를 듣고 나서 점심을 제공받는 내용이 문맥상 맞으므로 정답은 (D)이다.

해석 투자자들은 오전의 발표들을 듣고 난 후, 회의실에서 점심을 제공받았습니다.

04 You are advised to contact your client _____ you anticipate arriving late for any reason.

(A) than
(B) or
(C) both
(D) if

선택지를 보니 접속사로 이루어져 있다. 그러나 (A) than는 '비교표현'에 해당하는 경우이고 (C)는 both A and B로 짝을 이루는 접속사에 해당한다. 이러한 것들을 제외하면 문맥상 조건을 나타내는 **(D) if가 정답**이다. 이렇듯 선택지가 접속사로만 이루어져 있으면 문맥을 파악해서 정답을 골라야 하는 경우가 많다.

해석 당신은 어떤 이유로 늦는 것이 예측되면 고객에게 반드시 연락할 것을 충고합니다.

영어에서 말을 문장으로 늘리는 방법은 딱 **두 가지**이다.

첫째, '주어+동사(기본 단위)'와 '주어+동사(기본 단위)'를 1대1 대응으로 합치는 경우로 이를 연결해주는 말이 바로 '**접속사**'이다.

둘째, 기본 단위의 구성 요소 가운데 명사를 다시 시작점으로 해서 곁그림형태로 부가적인 설명을 하는 방식이다. 이때 사용되는 연결고리가 바로 '**관계사**'이다.

이렇게 **영어에서 말을 늘려가는 방법은 크게 2가지 방법, 즉 접속사와 관계사를 이용해서 늘리는 방법**이 있다.

Unit 11 명사와 문장을 연결하는 관계사 바로잡기

연결어의 하나인 '**관계사**'는 **명사와 문장을 연결하는 역할**을 한다.

앞서 공부한 사진기사를 통해 다시 한번 관계사의 의미를 배워보도록 하자.

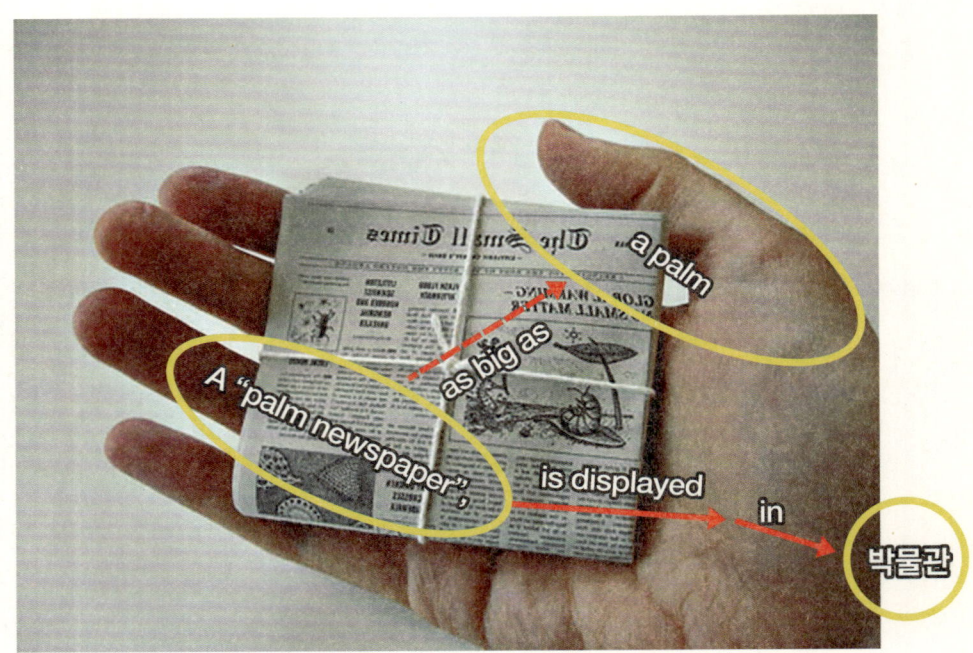

A "palm newspaper", which is as big as a palm, is displayed in the museum.

한 '손바닥 신문' ▶ which ▶ 이다 ▶ as ▶ 큰 ▶ as ▶ 손바닥 ▶ 전시되어 있다 ▶ in ▶ 박물관

A "palm newspaper", which is as big as a palm

사진에 보이는 손바닥만한 신문이 주어다. 거기에 관계사 which로써 곁그림을 그리면서 신문에 대한 부가 설명이 시작된다. which 다음에 존재를 나타내는 **be동사**가 오고, 그 뒤에 **as big as**가 이어졌다.

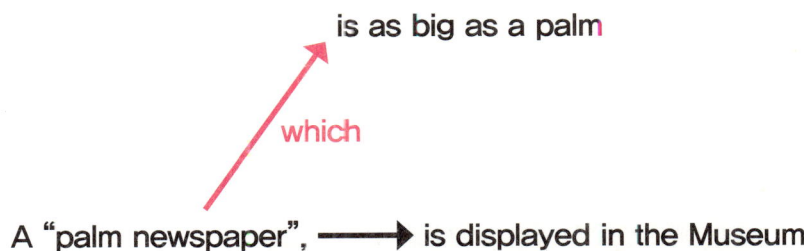

따라서 주어인 '**손바닥 신문**'에 대해 곁그림으로 빠져서 설명하고 다시 본 그림인 전시되어 있다(**is diaplayed**)가 나온 다음에 장소는 '**박물관**'으로 마무리가 된다. 이와 같이 주어 다음에 명사에서 빠지져 설명하는 흐름을 이해하는 것이 관계사의 핵심이다. 다시 말해, 앞 명사에 대해 곁그림으로 설명하는 구조, 그것이 **연결어의 하나인 관계사**이다.

기본 단위의 구성 요소들 가운데 관계사를 이용해 새롭게 그림을 그려 나갈 수 있는 것은 '**명사**'뿐이다. 손에 잡히는 실체가 있어야 뭐가 연결될 수 있지 않겠는가. **be동사, 형용사, 과거분사, 동사**는 손에 잡히는 뭐가가 아니다. 그래서 명사의 모습을 띠는 ❶**주어**, ❷**be동사 뒤의 명사**, ❸**동사의 대상(목적어)**에서만 말이 연결되어 **늘어날 수 있다는 점을 분명히 기억해두기 바란다.**

이렇다 보니 영어는 '**명사**'만 나왔다 하면 말하는 사람이 원하는 대로 무한히 말을 이어갈 수 있다.

그래서 다음과 같은 구조가 가능하다.

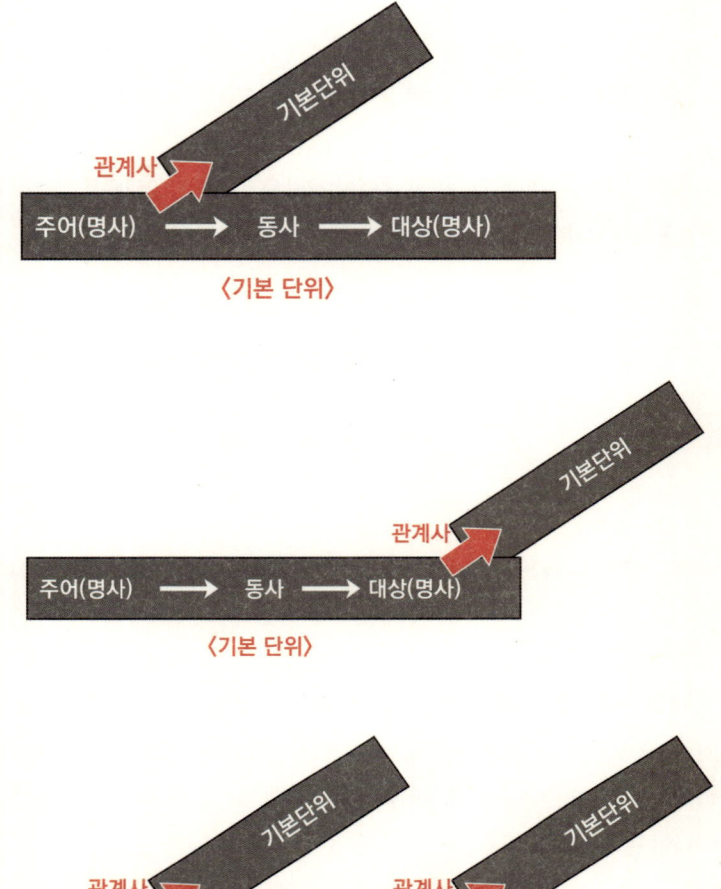

관계사는 그림과 같이 명사를 시작점으로 해서 옆으로 빠져서 부가적인 설명을 하게 해주는 연결고리이다. 따라서 관계사를 보는 순간, 곁 그림으로 빠져서 부가 설명을 한다는 신호로 보면 된다.

또한 관계사 뒤에 바로 동사가 오면 그 관계사는 주어의 역할이고, 관계사 뒤에 다른 명사가 바로 이어지면 그 관계사는 다른 명사를 주어로 해서 새롭게 이어지는 문장의 **'동사의 대상'** 구실을 한다.

예를 들어 보자.

I will meet the girl who called me yesterday.

명사인 the girl에 이어서 곁그림을 그려 부가 설명을 했다. 그리고 who 다음에 바로 동사인 call이 이어져서 앞에서는 목적어 구실을 하던 the girl이 주어 역할로 새 출발했다

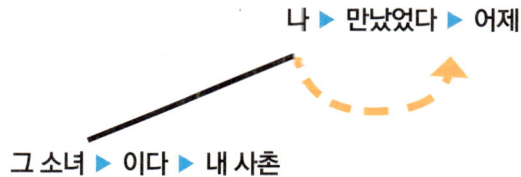

The girl who I met yesterday is my cousin.

관계사 who 다음에 바로 명사인 I가 등장함으로써, 앞에서 주어였던 the girl은 뒤에 이어지는 문장의 동사 meet의 목적어 역할로 변신했다.

이러한 문장을 토익문제로 만들어 보면 다음과 같다.

> **01** I will meet the girl _____ called me yesterday.
>
> (A) who
> (B) which
> (C) whose
> (D) what

앞서 언급했듯이, 관계사 다음에 동사가 나오면 그 관계사는 **주어의 역할**이다. 관계사는 <u>관계사 앞 명사</u>에 따라 형태가 달라지는데 사람이므로 관계사 (A) who가 적절하다.

> **02** The girl _____ I met yesterday is my cousin.
>
> (A) whom
> (B) which
> (C) whose
> (D) what

또한 관계사 뒤에 다른 명사가 바로 이어지면 그 관계사는 다른 명사를 주어로 해서 새롭게 이어지는 문장의 **'동사의 대상' 구실**을 한다. **이러한 관계사는 whom이므로 정답은 (A)**이다.

연결어 공식 08

보통 선택지가 보니 관계사로 이루어져 있으면 알맞은 관계사를 고르는 문제인데 토익에서 관계사의 출제 포인트는 다음과 같다.

(1) 빈칸 앞 명사 종류 확인 ▶ 사람인지? 사물인지?

(2) 빈칸 뒤 문장 구조 확인 ▶ 동사인지? 명사인지?

(3) that을 쓰기 힘든 조건 ▶ 빈칸 앞에 콤마나 전치사가 있는지?

> **03** This 2-hour workshop is open to anyone _____ wants to learn how to write a business plan and the basics of starting their own business.
>
> (A) who
> (B) what
> (C) where
> (D) which

선택지가 관계사로만 이루어져 있으므로 **알맞은 연결어(관계사)를 묻는 문제**이다. 빈칸 앞의 명사가 사람을 나타내는 말이므로 사람에 대한 부가설명에 필요한 관계사는 **who** 또는 **that**이다. 따라서 **정답은 (A)**이다.

해석 이번 2시간짜리 워크숍은 사업 계획안 작성법과 창업의 기본을 배우고 싶어 하는 모든 사람들을 대상으로 합니다.

---

04 The article _____ generated the greatest number of email responses was Irene Mavery's story on the strike at Johnson Shoe Factory.

(A) who
(B) whose
(C) there
(D) that

선택지가 관계사로만 이루어져 있으므로 알맞은 연결어(관계사)를 묻는 문제이다. 빈칸 앞의 명사가 사물을 나타내는 말이므로 사물에 대한 부가설명에 필요한 **관계사는 which** 또는 **that**이다. 따라서 **정답은 (D)**이다.

해석 가장 많은 이메일 회신을 받은 기사는 아이린 메이버리의 존슨 신발 공장 파업에 관한 것이었습니다.

---

05 Sam Park is making copies of the chart _____ the head of sales mentioned at yesterday's meeting.

(A) then
(B) what
(C) that
(D) when

선택지가 주로 관계사로 이루어져 있으므로 알맞은 연결어(관계사)를 묻는 문제이다. 빈칸 앞의 명사가 사물을 나타내는 말이므로 사물에 대한 부가설명에 필요한 관계사는 **which** 또는 **that**이다. 따라서 **정답은 (C)**이다. (B) **what**은 'the thing which'에 해당하는 말로 명사를 가지고 있는 관계사이므로 명사가 필요하지 않다. (D) **when**은 관계사 앞 명사가 시간에 해당하는 말이어야 한다.

해석 샘 박은 어제 회의 때 판매 부장님이 말씀하신 차트를 복사하고 있습니다.

연결어 공식 09

선택지에 whose가 있고 '명사+_____+명사'이면 whose가 정답이다.

06 In an attempt to diversify their suppliers, they have repeatedly contacted companies _____ products and services meet their needs.

(A) which
(B) of which
(C) whose
(C) that

선택지가 주로 관계사로 이루어져 있으므로 알맞은 연결어(관계사)를 묻는 문제이다. 빈칸 앞뒤로 명사가 있고 선택지에 whose가 있으므로 이에 대해 먼저 생각해보자. whose는 앞 명사에 일부분에 해당하는 설명을 할 때 사용하는 관계사로 companies(회사)와 연결된 것이 products(제품)이므로 (C)whose가 정답이다.

해석 그들의 공급업체들을 다양화하기 위한 시도로서 제품들과 서비스들이 그들의 욕구를 충족시키는 회사에 반복적으로 접촉했다.

알아두기 관계사는 'who, which, whose'에서 정답의 80%가 출제된다.

Unit 12 연결어와 동사의 역할을 동시에 하는 동사변형 [분사구문, to부정사]

관계사나 접속사를 연결고리로 하여 말 늘리기를 할 경우에는 보통 [주어 ▶ 동사 ▶ 대상]의 완전한 기본 문장의 형태가 뒤따르기도 하지만, 관계사 또는 접속사, 주어, 조동사가 생략해서 표현하기도 한다. 생략해도 의미의 변화가 없거나, 가장 중요한 본론에 해당하는 단어를 주어와 가까이 놓음으로써 이해의 속도를 높일 수 있다면 과감히 생략해버리는 것이 영어의 간소화 법칙이다. 이를 통해 만들어진 형태가 동사변형(동사+ing, 동사+ed, To+동사)이다.

다시 말해, 영어문장에서 '동사+ing, 동사+ed, To+동사'를 만나면 동사의 역할과 생략된 연결어(관계사 또는 접속사)의 역할을 동시에 한다고 볼 수 있다.

아래 사진기사를 통해 이러한 사실을 공부해 보자.

A woman reaches her hand toward the mannequin wearing underwear with the image of monkey printed on it.

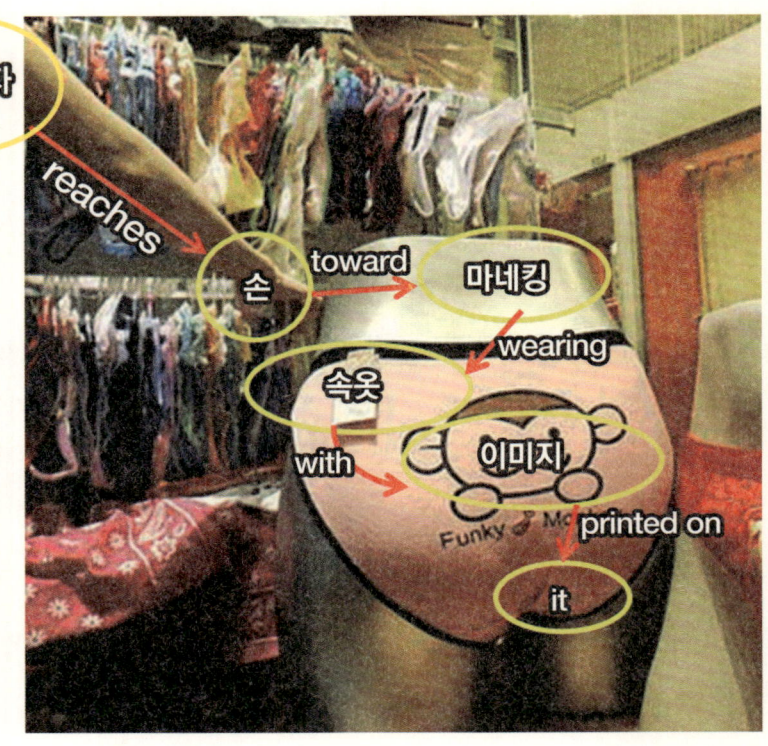

A woman reaches her hand toward the mannequin wearing underwear with the image of monkey printed on it.

한 여자 ▶ 뻗치다 ▶ 그녀의 손 ▶ toward ▶ 마네킹 ▶ 입다+ing ▶ 속옷 ▶ with ▶ 이미지 ▶ of ▶ 원숭이 ▶ 프린트하다+ed ▶ on ▶ 그것 ▶ in ▶ 상점.

이 문장 내에서 전치사를 비롯한 연결어가 차지한 비율이 얼마나 될까? 거의 50%에 육박한다. 이러한 연결어들은 이미 중학교 수준에서 나온 단어들이기에 여러분들은 아무리 그 외의 단어들을 모른다 치더라도 문장의 **50%는 쉽게 이해가 되어야 정상이다.** 그러나 실전에서, 특히 '듣기'에서는 50%도 안 들린다. 이처럼 사실 우리는 단어를 많이 몰라 영어를 제대로 못하는 것이 아니다. 바로 쉬운 말인 것 같으면서도 toward, of, with와 같은 결어들이 자연스럽게 원어민의 관점으로 이해되면서 그림이 그려지지 않기 때문에 영어가 마냥 어렵게 느껴지는 것이다. 사람들이 흔히 "단어를 다 찾았는데도 이해가 안 된다"고 하는 말을 자주 한다. 그것이 바로 영어 전체를 이어주는 연결고리 구실의 전치사나 관계사, 접속사와 같은 연결어들을 원어민 방식대로 제대로 알고 있지 못하기 때문이다.

A woman reaches her hand toward the mannequin

주어(a woman) ▶ 동작(reaches) ▶ 대상(her hand) ▶ 방향(toward) ▶ 목표물(the mannequin) 이러한 사진과 문장의 연속된 일치에서 보듯이, 전치사 toward는 동작의 힘이 밖으로 뻗어나가 목표물에 이르는 사이에 위치해 있다. 주어의 동작 reach는 손을 뻗치는 동작이니 ▶ 방향이다. 더불어 toward는 그 뻗친 동작이 더욱더 ▶ 방향으로 전직하도록 이어주고 있다. 이처럼 영어에서는 동사에서부터 이어지는 힘의 연속성이 대단히 중요하다. [또한 토익 동사어휘문제를 푸는 열쇠 중 하나이다]

영어는 주어에서부터 나오는 힘이 대상에 가허지고 그 대상이 그 힘을 받은 결과 어떻게 되는지가 순서대로 말이 나오게 되어 있는, 너무나 자연스럽고 쉬운 언어이다. 그래서 주어에서부터 동사, 대상(목적어), 전치사를 거치는 동안 일어나는 힘의 연결은 물 흐르듯이 자연스럽게 이어질 수부에 없다. 정확히 논리적인 순서에 입각하여 단어를 나열하는 순서가 중요하다. 일단 어떤 단어를 시작점으로 하면, 그 시작점으로부터 과학적으로 순서대로의 기본 원칙에 의해 단어를 나열하면 된다.

toward를 사전에 찾아보면 '~ 쪽으로' '~을 향하여'라고 toward뒤에 나오는 단어에서부터 거꾸로 해석되어 있다. 하지만 그렇게 하면, 주어에서부터 시작된 힘의 연속성을 거스르는 아주 심각한 결과를 초래한다. 그저 앞으로 앞으로 나아가는 **toward**를 있는 그대로 봐주기 바란다. 사진에서 보면 손끝에서 **toward**의 화살표가 나아가서 그 목표가 '마네킹'이 된 것이 확연히 보이지 않는가? 따라서 toward의 의미는 "**향하는 대상은 ~**"이다. 이처럼 원어민이 실제로 말을 배우면서 접하는 그 생생한 장면과 같은 사진이나 그림을 통해서 배우는 영어가 살아 있는 영어다. 비교하자면, **toward**는 **to**보다 좀 막연하다. 단지 방향을 가리킬 뿐이고, 도착의 뉘앙스는 없다.

숲 속에서 길을 잃었다고 가정해보자.

I walked toward the south.
(나 ▶ 걸었다 ▶ 향하는 대상은 ▶ 남쪽.)

이 같은 경우 to와는 달리, 막연히 남쪽이라 여겨지는 방향으로 걸어가는 것을 말한다.

(the mannequin) wearing underwear with the image of monkey

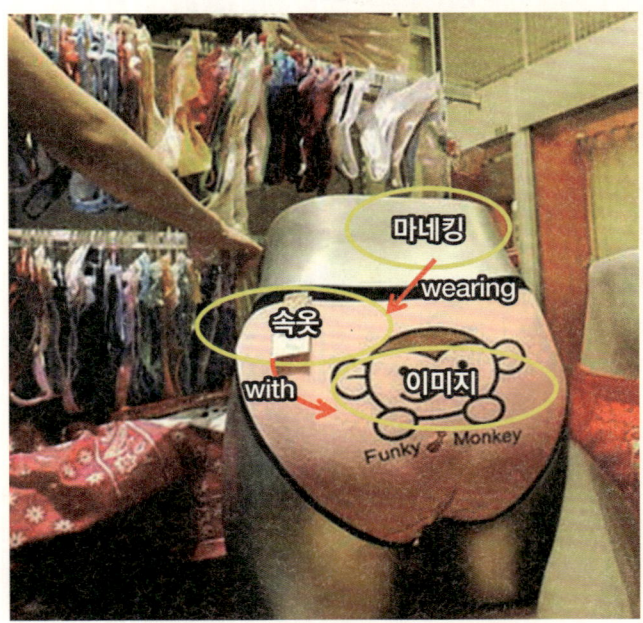

the mannequin 다음에 이어진 **wearing**은 명사에 바로 '**동사+in**g'가 붙은 경우이니, 볼 것도 없이 **the mannequin**에서부터 다시 새로운 독립된 그림이 시작된 것이다. 〈the mannequin which wears〉에서 관계사가 생략된 것이다. 그래서 바로 본 내용에 해당하는 동사의 개념이 이어졌다.

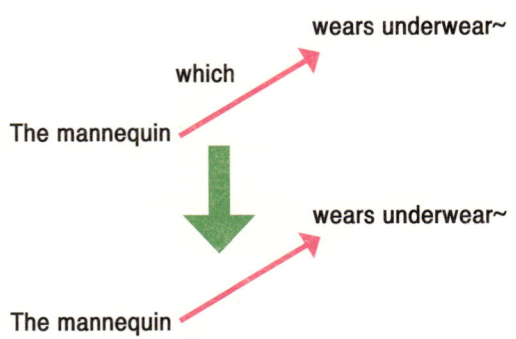

이와 같이 '**명사 + 동사+ing**'에서 '**동사+ing**'는 관계사가 생략되며 만들어진 것이므로 관계사의 기능을 가진다. 다시 말해 동사변형 '**동사+ing**'는 동사의 역할과 연결어(관계사)의 역할을 동시에 한다.

'**the mannequin** ▶ **wear(ing)** ▶ **underwear**의 순서로 '주어 ▶ 동작 ▶ 대상'이다. 그 대상 underwear에 대한 설명이 '**with** ▶ **the image** ▶ **of** ▶ **monkey**' 순서로 이어진다. '속옷'과 함께 있는 것이(**with**) '이미지'이다. 그 이미지와 밀접한 관계를 맺고 잇는 것이(**of**) '원숭이'이다. 이렇게 of를 기본 의미인 '**밀접한 관련이 있는 것은**'이라고 새기고 매끈한 한국말로 찾아서 번역하는 수고를 하지 않아도, 머릿속에서는 이미지의 대상이 '원숭이'임을 이해 할 수 있지 않은가? 이것이 바로 인간 두뇌의 기본적 인지력이자 이를 최대한 활용하는 것이 살아 있는 언어 학습법이다.

명사는 주어의 역할을 함으로써 그것을 기점으로 새롭게 그림을 그릴 수 있다. **wearing**은 '**동사+ing**'의 모습인 데 반해 **printed**는 '**동사+ed**'의 형태이다. 명사가 힘을 받는 곁그림의 형태이다. 명사인 **the image of monkey**가 다시 주어의 역할이 되고, 그 다음으로 동사인 **printed**가 이어지면서 주어가 힘을 받게 된다. 주어인 **the image of monkey**가 인쇄를 하는 것이 아니라 인쇄가 되었다는 애기다. 그리고 인쇄된 '**원숭이 이미지**'가 접면하는 대상이 '**속옷**'(**on it**)이다.

이와 같이 '**명사 + 동사+ed**'에서 **동사+ed**는 관계사가 생략되며 만들어진 것이므로 관계사의 기능을 가진다. 다시 말해 동사변형 '**동사+ed**'는 동사의 역할과 연결어(관계사)의 역할을 동시에 한다.

사실 이러한 **곁그림**이니 **동사+ing**니 **동사+ed**니 하는 말들을 다 제쳐두고도, 사진과 비교하면서 문장을 차근차근 단어 순서대로 맞춰 나갈 때 이해에 전혀 지장이 없는 것을 보면 '**문법**'이 절대 의사소통 위에 존재하는 것이 아니라 단지 의사소통을 도와주며, 헷갈리지 않도록 배려하는 차원의 도우미임을 재삼 확인할 수 있다.

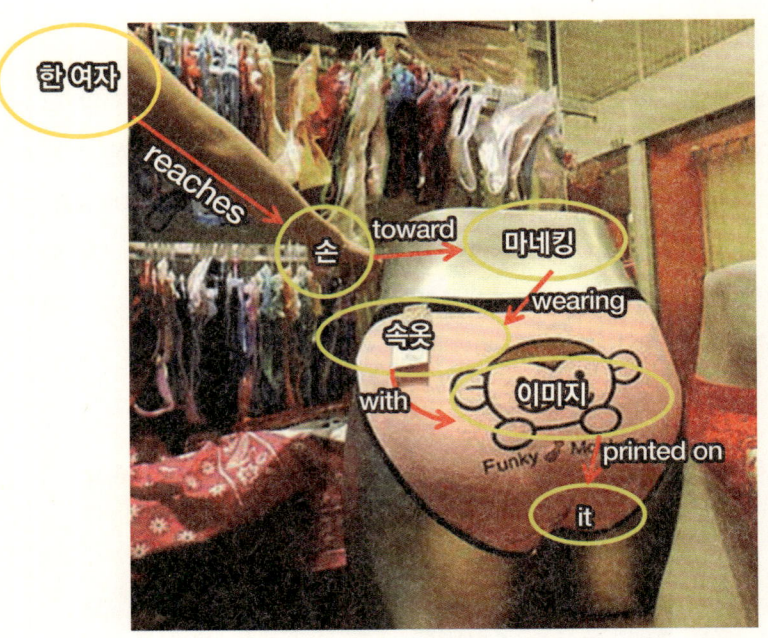

그런 의미에서 전체 사진 속 장면의 동선을 나타내는 화살표를 따라가 보자. 사진의 왼편에서 '**손**'이 등장하고 있다. 이 손의 주인공이 주어인 **a woman**이다. 그녀가 뻗친 것은 '**그녀의 손**', 그리고 향하는 대상은 '**마네킹**'이다. 마네킹이 입고 있는 것은 '**속옷**'이다. 속옷과 함께 있는 것은 '**이미지**'인데 '**원숭이**'이다. 그 이미지가 '**프린트**'되어 있는데 접한 면은 '**속옷**'이다.

일반적으로 명사(덩어리) 다음에 **동사+ing or 동사+ed**가 오면 명사에서 곁그림으로 빠져서 부연 설명한 것이다. **동사+ed**가 온 경우는 **명사가 힘을 받는 곁그림의 형태**이고 **동사+ing**가 온 경우는 **명사가 힘을 가하는 곁그림의 형태**이므로 그 힘의 대상이 그 다음으로 이어져야 한다. 따라서 다음과 같은 공식들을 만들 수 있다.

연결어 공식 10

'**명사덩어리**+_____+**명사덩어리**'는 동사+ing가 정답이다.

> **01** There has been confusion ―――― the company's privacy policy, which still has not been clearly communicated to consumers.
>
> (A) surround
> (B) surrounds
> (C) surrounded
> (D) surrounding

선택지를 보니 같은 단어를 가지고 변형한 것이므로 '**문장구조**'를 묻는 문제이다. 문장구조를 묻는 문제는 크게 다음과 같이 **4가지**로 분류할 수 있다.

❶ 명사덩어리
❷ 동사덩어리
❸ 부사
❹ 비교

이 중, 동사와 동사변형으로 선택지가 이루어져 있으므로, ❷**동사덩어리**를 묻는 문제로 분류할 수 있다. 정답이 동사변형인 경우 알맞은 연결어를 묻는 문제로도 볼 수 있다. 동사변형은 동사의 역할과 연결어의 역할을 동시에 하기 때문이다.

빈칸 앞에 (**본)동사덩어리 'has been'**이 있으므로 동사변형이 빈칸에 들어가야 한다. 결국, 명사(**confusion** 혼란)다음에 '**동사+ing**' or '**동사+ed**'를 묻는 문제로 앞 명사에서 곁그림으로 빠져서 설명하는 문장구조이다. 힘의 방향을 고려하면 '**혼란 ▶ 둘러싸다 ▶ 회사의 정책**'이 알맞으므로 (**D) surrounding**이 **정답**이다.

알아두기 힘을 가하는 동작인 타동사인 경우, 동사+ing 뒤에는 (동사의) 대상이 올 가능성이 높다.

해석 회사의 개인 정보 정책을 둘러싼 혼란이 있어 왔는데, 그것은 여전히 소비자들에게 분명하게 전달되고 있지 않다.

> **02** A committee _____ of local leaders will gather together to discuss the renewal of the urban center.
>
> (A) will consist
> (B) consisting
> (C) consists
> (D) to be consisted

선택지를 보니 같은 동사 consist를 가지고 변형한 것으로 동사덩어리를 묻는 문제로 분류할 수 있다. 동사덩어리 문제는 다른 동사를 찾아야 한다. 빈칸 뒤쪽을 보면 (본)동사덩어리인 will gather가 있으므로 동사변형이 빈칸에 들어가야 한다.

결국, 명사(committee 위원회) 다음에 '동사+ing' or 'To+동사'를 묻는 문제인데 consist는 of와 짝을 이루어 숙어로 수동태(힘 받고) 형태가 없다. 따라서 (B) consisting이 정답이다.

해석 지역 지도자들로 구성된 위원회는 도심지 재개발을 논의하기 위해서 함께 모일 것입니다.

앞서 나왔던 그림이다. 이를 문제화 하면 다음과 같다.

the image _____ on it.

(A) printing
(B) printed

명사인 '**이미지**'에서 빠진 곁그림을 묻는 문제로 '**이미지**'는 인쇄하는 동작의 힘을 받으므로 **정답은 (B)**이다. 또한 일반적으로 힘을 받는 그림은 그 뒤에 전치사를 동반한다.

이와 같은 원리를 공식으로 만들면 다음과 같다.

> **연결어 공식 11**
> '명사덩어리+ _____ +전치사'는 동사가 힘을 가하는 타동사인 경우, 동사+ed가 정답이다.

03 According to the law, the owner must have the contact _____ by the contractor.

(A) signed
(B) been signed
(C) signing
(D) sign

선택지를 보니 문장구조를 묻는 문제 중 동사덩어리 문제이다. 콤마이후 주어 다음에 (본)동사덩어리 **must have**가 있으므로 빈칸은 **동사변형**이 와야 한다. 선택지에서 동사변형은 '**동사+ed**'와 '**동사+ing**' 둘뿐이다. 빈칸 앞이 '**명사**'이므로 이 명사를 중심으로 새롭게 그림을 그린 경우이다. 계약은 서명을 당하는 것이 말이 되므로 명사가 힘을 받는 곁그림인 '**동사+ed**'가 와야 한다. 따라서 (A) **signed**가 정답이다.

해석 법에 따르면 소유자는 업자에 의해서 서명된 계약서를 가져야 합니다.

동사·변형의 다른 특징을 새로운 사진기사로 공부해보자.

TV news producers run out of the federal court, waving red signs to let their colleagues know the verdict.

TV 뉴스 제작자들 ▶ 달리다 ▶ out of ▶ 연방 법원 ▶ 흔들다+ing ▶ 붉은 표시들 ▶ to ▶ 말하다 ▶ 그들의 동료들 ▶ of ▶ 평결.

TV news producers run out of the federal court, waving red signs

주어가 TV 뉴스 제작자들이다. 사진에 보이는 난리법석인 사람들이다. 그들이 취하는 동작은 **run**이다. 그 달리는 동작의 위치가 바깥쪽이고 빠져 나온 안은 '**연방법원**'이다. 사진과 함께 순서대로 살펴보니 **out of**의 의미는 "**밖인데 빠져 나온 대상은~**"이 된다. 그러니 예전처럼 "**연방법원으로부터**"라고 거꾸로 해석하는 일은 없도록 하자.

다시 기사문으로 돌아가서, **TV news producers run out of federal court**에 '**동사+ing**'형태가 이어졌다. 콤마를 통해 문장이 하나 끝나고, **동사+ing**가 나왔으니, 말 늘리기에서 접속사가 생략된 단축형이다. 사진을 보니 **wave**(흔들다)하는 동작의 주어가 누구인가? 바로 뉴스 제작들이다. 〈as they wave〉였는데, 접속사와 주어가 알만하니 생략하면서 〈waving〉이 된 것이다. waving하는데, 대상은 red signs라는 뜻이다.

To tell their colleagues of the verdict.

여기서 주의할 사항은, **waving**으로 시작된 곁그림이 끝나고 난 뒤, 다시 '**to+동사**' 형태로 **to tell**이 이어진 대목이다. 다시 곁그림이 시작된다는 신호다. **to**의 도움을 받아, '**하고자 하는 바**'가 **tell**하다는 것인 그림이다. 말하는 대상이 **their colleagues**(그들의 동료들)이며, **of** 이어진 것, 즉 그 내용은 **the verdict**(배심원들이 내린 평결)이다. 이러한 것을 문법 용어로 '**to부정사**'라고 복잡하게 하는데, 그냥 '**to+동사**' 형태가 나오면 '**나아가 하고자 하는 바는~**' 하면서 자연스럽게 읽으면 된다. 어려운 것이 아니다.

이제 전체 흐름을 주어로부터 살펴보자.

'TV 뉴스 제작자들'이 달리는데 밖으로 빠져나오는 곳이 '연방 법원'이다. 그대 그들은 '흔들고 있다'. 흔드는 대상은 '붉은 표시들'이다. 목적은 '말하는 것'이며 그 대상은 '그들의 동료들'이며 내용은 '평결'이다.

'콤마 다음에 동사+ing'에서 **동사+ing**는 접속사가 생략되며 만들어진 것이므로 접속사의 기능을 가진다. 다시 말해 **동사변형 동사+ing는 동사의 역할과 연결어(접속사)의 역할을 동시에 한다.**

앞의 두 사진기사를 통해 알게 된 **동사변형(동사+ing, 동사+ed)**에 대해 종합하면 다음과 같다.

> **동사+ing, 동사+ed는 '연결어(관계사 or 접속사)+문장'이 줄어들면서 만들어진 것으로 동사의 역할과 연결어의 역할을 동시에 하고 있다.**
>
> **일반적으로 힘을 가하는 동작, 동사+ing 뒤에는 (동사의) 대상이 올 가능성이 높고, 힘을 받는 동작, 동사+ed 뒤에는 전치사 등의 연결어가 올 가능성이 높다.**

영어는 주어와 동사로 시작하는 것이 원칙이다. 하지만 접속사와 주어를 생략하고 **동사+ing**나 **동사+ed**로 말을 시작할 수 있다. 뒤에 쓸 말을 앞으로 보내고 콤마를 찍은 것 뿐이다. 이런 문장 구조를 '분사 구문'이라고 하는데 이러한 용어보다는 문장구조의 생성원리를 이해하는 것이 중요하다.

앞서 공부한 사진기사를 예를 들면 뒤의 waving red signs가 앞으로 보낸 문장일 뿐이다.

Waving red signs, TV news producers run out of the federal court.

따라서 다음과 같은 공식이 가능하다.

> **연결어 공식 12**
> '_____+명사~, 주어+동사' 문장 구조에서 빈칸 뒤에 동사의 대상이 나오므로 '동사+ing'가 정답이다.

04 _____ its plan to expand into Europe Markets, the company decided to cut a deal with the foreign company.

(A) Confirms
(B) Confirmed
(C) Confirming
(D) Confirmation

선택지를 보니 문장구조를 묻는 문제 중 동사덩어리 문제이다. 빈칸 뒤쪽을 보면 콤마다음에 주어와 (본)동사인 decided가 왔으므로 빈칸은 동사변형이 와야한다. 왜냐하면 연결어가 없을 때 주어와 (본)동사는 하나씩만 있어야 하기 때문이다. 선택지에서 동사변형은 '**동사+ed**'와 '**동사+ing**' 둘뿐이다. 문장의 맨 앞에 빈칸이 있고 빈칸 뒤에 동작의 대상인 its plan이 있으므로 **동사+ing가 정답**이다.

연결어 공식 13

'_____+전치사~, 주어+동사' 문장 구조에서 동사가 힘을 가하는 타동사인 경우 '동사+ed'가 정답이다.

---

05 _____ by the heavy snow, the building have to be renovated.

(A) damage
(B) is damaged
(C) is damaging
(D) damaged

문장의 맨 앞에 빈칸이 있고, 그 뒤에 전치사 by가 나온 후, 주어와 동사가 나왔기 때문에 **동사+ed(과거분사)가 정답**이다. 따라서 (D) **damaged가 정답**이다.

접속사 다음에 **주어**와 **be동사**를 생략하고 바로 뒤에 **동사+ing**나 **동사+ed**가 나올 수 있다. 토익에서는 이러한 접속사를 살려둔 분사구문에 대해 자주 출제가 되는데 이와 같은 원리를 아래 사진기사를 통해 이해해 보자.

Visitors are checked by policemen before entering the area.
방문객들 ▶ 확인받다 ▶ by ▶ 경찰 ▶ before ▶ 들어가다+ing ▶ 지역

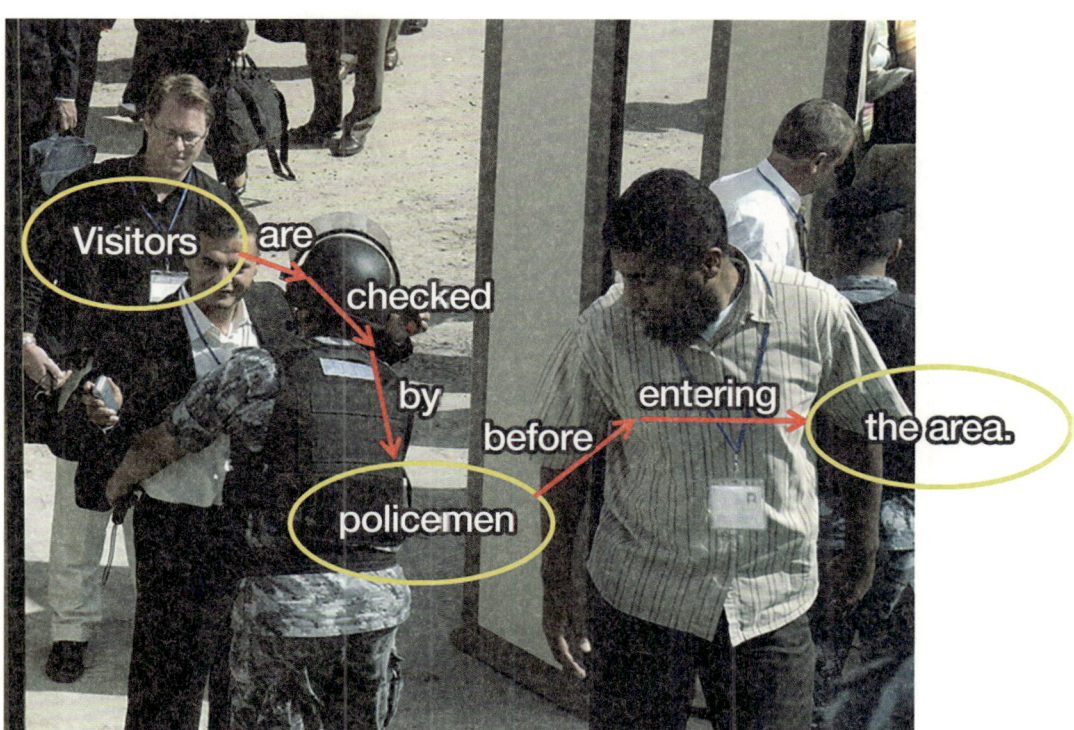

주어가 방문객들(Visitors)이다. 사진에 보이는 한 줄로 기다리는 사람들이다. 그들은 일방적으로 확인을 받고 있다. 즉, 주어가 가만히 존재(**are**)하고 확인하는 힘을 받고 있다(**checked**). 그 힘의 근원(**by**)은

경찰(**policemen**)이며 앞으로 할 일(**before**)은 들어가는 동작(**enter+ing**)이고 그 대상은 지역(**the area**)이다. 위 문장이 단축되기 전의 형태는 다음과 같다.

> Visitors are checked by policemen before they enter the area.
> ▶ Visitors are checked by policemen before entering the area.

이 문장에서 접속사 **before** 다음에 주어를 생략하고 동사 **enter**를 **enter+ing**로 단축해서 만든 문장이 '~before entering the area'이다. 이렇게 접속사를 생략 시 의미가 헷갈리거나 접속사 의미 자체를 강조하고 싶을 때는 접속사를 생략하지 않고 분사구문을 만들 수 있다. 토익에서는 시간을 나타내는 접속사 **when**, **before, after** 다음에 '**동사+ing**'가 정답인 경우와 **동사+ing**을 주고 아래와 같이 시간을 나타내는 접속사를 물어보는 패턴이 자주 출제되고 있다.

06 All electronics must be placed in a sturdy box with sufficient padding _____ being shipped through the mail.

(A) so that
(B) following
(C) below
(D) before

선택지를 보니 알맞은 연결어를 묻는 문제이다. 빈칸 뒤가 동사변형(**being**)이기 때문에 접속사 다음에 주어를 생략하고 **be동사**를 **be+ing**로 단축해서 만든 문장이 온 경우이다. 따라서 전치사인 (C)**below** (B) **following**은 정답이 아니다. 접속사인 (A)와 (D)가 있는데 이러한 단축형태는 시간을 나타내는 접속사에 주로 출제가 된다는 점을 생각하고 문맥을 살피면 **배송되기 전 상자에 넣는 그림이니 (D)before가 정답**이다.

해석 모든 가전제품은 우편으로 배송되기 전에 푹신한 패드가 들어있는 튼튼한 상자에 넣어져야 한다.

> **연결어 공식 14**
>
> 접속사 when/before/after 다음의 빈칸은 '동사+ing'가 정답일 가능성이 높다. 따라서 빈칸다음에 동사의 대상(명사덩어리)이 오는지를 확인하자.

반대로 조건을 나타내는 접속사 if, unless, once 다음에는 동사+ed가 정답으로 주로 출제되고 있다.

> **연결어 공식 15**
>
> 접속사 as/if/unless '동사+ed가' 정답일 가능성이 높다. 따라서 빈칸다음에 전치사가 오는지를 확인하자.

07 As _____ in our video conference, Mr, White will arrive in New York.

(A) discuss
(B) discussion
(C) discussing
(D) discussed

선택지를 보니 동사(**discuss**)를 변형한 것으로 알맞은 동사덩어리를 묻는 문제라고 볼 수 있다. 빈칸 앞에 접속사가 있으므로 접속사 다음에 주어가 생략되고 동사를 변형한 **접속사+동사변형**형태이다. 단축되기 전에 원래 문장을 만들어 보면 **As it is discussed in our video conference, Mr. White will arrive in New York.** 로 접속사 as 뒤에 it이 생략되고 is ▶ being로 변형 뒤에 역시 생략되어 'As discussed in our video conference ~'로 될 수 있다. 따라서 **정답은 (D)** 이다. 대다수의 힘을 받는 경우 그 다음에 전치사가 이어지는 경우가 많으므로 정답을 선택하기 전 반드시 확인하자.

Chapter 04

단어를 조금만 공부하고도 쉽게 푸는 어휘 문제풀이 비법 – Part 5, 6

Unit 13 토익 어휘는 늘 정답이 되는 단어가 있다 우선순위로 공부하자

파트 5, 6에서 어휘 문제는 문장의 길이가 서너 줄로 구성된 문장 중 일부분을 빈칸으로 두고 네 개의 선택지에서 빈칸에 들어갈 적절한 단어를 채워 넣는 문제로 나온다. **토익 단어의 90%는 기출단어에서 그대로 출제되거나 변형된 형태로 출제**되므로 **선택지에 등장한 단어가 어떤 단어들과 어울리는지 알아 두는 것**이 문제 푸는 시간을 줄이고 정답률을 높이는 길이다.

또한, 단어 문제의 80%는 빈칸 앞뒤 단어가 정답의 단서로 제시가 된다. 따라서 주위의 단어 중 어느 한 개라도 정확하게 그 뜻을 알지 못한다면 지문 전체를 읽어도 답을 고를 수 없는 경우가 많기 때문에 **짝을 이루는 단어**를 잘 알고 있는 것이 고득점의 지름길이다.

예를 들어, 다음과 같은 문제를 만났을 때

01 In order to ———— their deadline, the product development team members may have to do some overtime work.

(A) meet
(B) choose
(C) solve
(D) move

먼저 선택지를 보고 **step 1** 동사어휘문제임을 판단해야 한다. 보통 동사는 **step 2** 그 동사의 힘이 미치는 대상(목적어)과의 관계를 먼저 생각해봐야 하는데 their deadline(마감 시한)과 어울리는 단어는 meet(맞추다)이므로 정답은 (A)이다. 사실 나머지 선택지들의 의미만 잘 알아도 '**마감 시한**'과 어울리지 않는다는 사실을 알 수 있지만 기초가 약한 분들은 이것마저도 어렵고 어떻게 공부해야할지 모를 수 있다. 정답은 하나다. 기출단어에서 90%가 다시 나오고 빈칸 앞뒤 단어에서 80% 정도가 정답의 단서로 제시가 되므로 **기출된 단어를 짝과 함께** 공부하는 것이 현명하다. 모든 단어를 다 공부할 것이 아니라 800개 정도의 어휘만 공부해도 파트 5, 6 어휘를 묻는 문제의 90%를 커버할 수 있다. 이 말은 단어암기노트가 있다면 지금 즉시 다음과 같이 써넣어야 한다는 말이다.

> meet the deadline   맞추다 ▶ 마감
> (조금 이상하지만 영어식 사고에 익숙해져야 하니 이렇게 필기하자)

파트 5, 6 어휘문제 중 동사문제가 전체의 1/3정도이므로 지금 정리한 'meet the deadline'이 소중한 자산이 될 것이다. 다른 문제를 보자.

---

02 Kim Consulting ———— a statement to several national press agencies announcing the appointment of a new director of operations for its branches in Australia.

(A) issued
(B) included
(C) transferred
(D) retained

먼저 선택지를 보고 **step 1** 동사어휘문제임을 판단하자. 보통 동사는 **step 2** 그 동사의 힘이 미치는 대상(목적어)과의 관계를 먼저 생각해봐야 한다.

> _____ a statement(성명서)
>
> (A) issued (발표하다)
> (B) included (포함하다)
> (C) transferred (옮기다)
> (D) retained (보유하다)

성명서와 가장 잘 어울리는 짝은 '**발표하다 ▶ 성명서**'이다. 따라서 **정답은 (A)**이다.

해석 Kim Consulting은 호주에 있는 지점들에 대한 운영총괄 부장에 대한 임명을 몇몇 국내 언론사들에게 알리면서 성명서를 발표했다

| issue a statement | 발표하다 ▶ 성명서 |

03 LB Consulting requires staff to _____ several seminars per year.

(A) enroll
(B) participate
(C) come
(D) attend

먼저 선택지를 보고 **동사어휘문제임을 판단하자**. 동사 어휘문제의 경우에도 각기 다른 어휘들이 스스로 하는 동작(자동사)인지 힘을 가하는 동작(타동사)인지, 그리고 자동사이면 어떤 전치사와 짝을 이루어 쓰이는지에 대한 기본적인 요소만으로도 쉽게 답을 구하는 경우가 있다. 위의 경우는, (D) **attend**를 제외한 전 선택지가 자동사이다. 따라서 뒤의 대상(목적어)인 **several seminars**가 올 수 있는 동사는 (D) **attend**가 유일하므로 정답이다. 이렇게 자동사와 타동사의 문장구조만으로 답을 쉽게 풀 수 있으니 사실 어휘를 묻는 문제보다 문장구조를 묻는 문제에 가깝다. 이런 문제가 상당수이므로 앞서 공부한 문장구조에 대한 이해를 소홀히 하면 안 된다.

enroll in the class 　　　　　　명부에 올리다(등록하다) ▶ in ▶ 수업
participate in the seminar 　　참가(참여)하다 ▶ in ▶ 세미나

해석 LB Consulting은 직원들에게 매년 여러 세미나에 참석하도록 요구한다.

토익 단어별 출제빈도와 전략

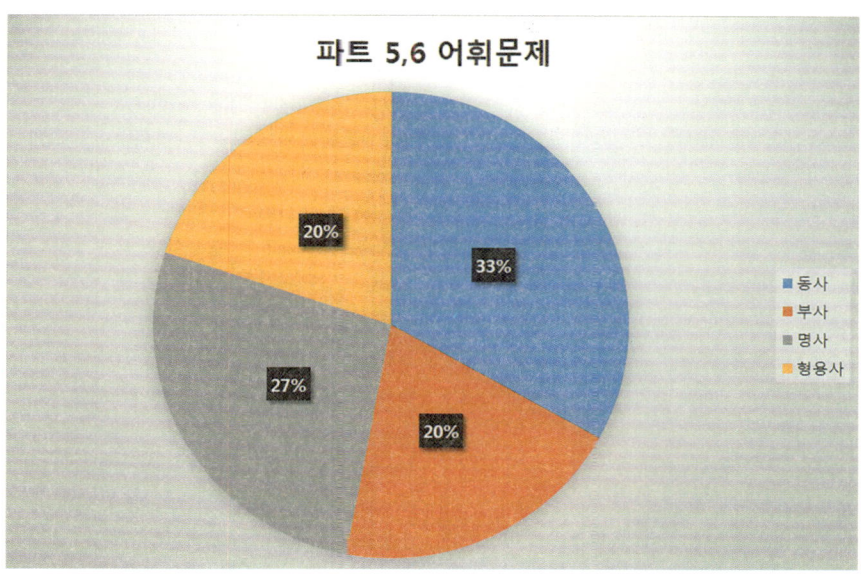

품사별 출제빈도를 보면 동사관련 어휘가 가장 많음을 볼 수 있다. 특히 동사 어휘는 항상 짝지어 다니기 때문에 이러한 동사어휘 문제의 80% 이상은 빈칸 앞뒤 단어가 단서로 제시된다. 따라서 빈칸 앞 또는 뒤의 단어 중 어느 한 개라도 정확하게 그 뜻을 알지 못하면 지문 전체를 읽어도 답을 고를 수 없는 경우가 많다. 그러므로 평소에 위에서처럼 짝이 되는 경우를 같이 공부해 두어야 한다.

기출 된 단어를 짝을 이루는 단어와 함께 공부하자

동사 단어 : 주로 빈칸 뒤의 대상과의 관계를 보고 푼다

부사 단어 : 주로 빈칸 뒤의 동사와의 관계를 보고 푼다

명사 단어 : 주로 빈칸 앞뒤의 전치사나 동사와의 관계를 보고 푼다

형용사 단어 : 주로 빈칸 뒤의 명사와의 관계를 보고 푼다

자주 출제되는 짝을 이루는 단어

[동사 + 대상]

meet the deadline 마감을 맞추다
attend the meeting 미팅에 참석하다
receive a permit 허가를 받다
retain a name 이름을 보유하다
extend the deadline 마감일을 연장하다
accept the offer 제안을 받아들이다
reach an agreement 합의에 이르다
renew subscription 구독을 갱신하다
promote products 제품을 홍보하다
foster sales 판매를 촉진하다
implement a program 프로그램을 시행하다
arrange an appointment 약속을 정하다
attract a customer 고객을 끌다
contact the company 회사에 연락하다
express interest 관심을 표명하다
establish a safety guideline 안전기준을 확립하다
confirm an itinerary 일정을 확인하다
take measures 조치를 취하다

grant an extension 연장을 허가하다
take precautions 예방조치를 취하다
accommodate people 사람들을 수용하다
release a new product 신제품을 공개하다
address a problem 문제를 다루다
forward a document 문서를 보내다
obtain approval 승인을 얻다
evaluate performance 업무수행을 평가하다
present an identification 신분증을 제시하다
assume a position 직위를 맡다
announce sales figures 판매수치를 발표하다
alleviate the pain 고통을 경감시키다
operate equipment 장비를 가동하다
raise a question 문제를 제기하다
raise awareness 인식을 높이다
generate funds 자금을 조성하다
earn profits 수익을 얻다

[동사+전치사 + 대상]

comply with the law 법률을 따르다
apply for a position 구직 신청하다
fill out the form 서류 양식을 작성하다
come into effect 시행되다
object to the plan 계획에 반대하다
inquire about a service 서비스에 관해 문의하다
register for a computer training workshop 컴퓨터 교육 워크숍에 등록하다
respond[reply] to a question 질문에 답하다

contribute to the efficiency 효율성에 기여하다
apply to every aspect 모든 면에 적용하다
consist of leaders 지도자들로 구성되다
interfere with plans 계획을 방해하다
benefit from the regulations 규정으로부터 혜택을 보다
collaborate on the project 프로젝트에 협력하다
refrain from speaking loudly 큰 소리로 말하는 것을 삼가다
dispose of waste material 쓰레기를 처분하다

[형용사+명사 or 형용사에 가까운 동사변형+명사]

innovative development 혁신적인 발전
technical description 기술적인 설명
talented accountant 유능한 회계사
professional attire 전문적 복장

attractive salary 매력적인 급여
affordable rate 적당한 가격
durable product 견고한 제품
defective product 결함 있는 제품

tremendous growth 거대한 성장
time constraint 시간(상의) 제약
reliable service 믿을 만한 서비스
extensive restoration 광범위한 복원
additional charge 추가적인 요금
opposing opinion 반대 의견
broad scope 넓은 범위
prior notice 사전 통보
numerous problems 수많은 문제
inaccurate information 부정확한 정보
seasonal variation 계절적인 변화
increasing need 증가하는 수요
remaining staff 남아 있는 직원
revolutionary design 혁신적인 디자인
informative book 유익한 책
accessible place 접근할 수 있는 장소
technical description 전문 설명서
innovative scheme 혁신적인 계획
preventive strategy 예비 전략
lasting impression 오래가는[지속적인] 인상
significant measures 중대한 조치

promising members 전도유망한 회원들
comprehensive review 종합적인 평가 [종합 평가]
challenging task 힘든 일
enclosed brochure 동본된 안내책자
revised project 개정된 프로젝트
upcoming year 다음 해
realistic goal 현실적인 목표
feasible alternative 실현 가능한 대안
experienced employee 경험 많은 직원
damaged items 손상된 물건
missing luggage 분실한 짐
complicated problem 복잡한 문제
rewarding career 보람 있는 직업
opposing opinion 반대하는 견해
following day 다음 날
existing equipment 기존 장비
growing company 성장하는 회사
prolonged exposure 장기 노출
discounted prices 할인된 가격
unforeseen circumstance 예기치 못한 상황

[명사+전치사 + 명사]

an increase in subscriptions 구독수의 증가
advances in technology 기술에 대한 진보
a request for something 어떤 것을 요청

attention to the details 사소한 일까지 주의
concerns about pollution 오염에 대한 걱정

[부사+동사 or 동사+부사]

rise significantly 상당히 오르다
temporarily suspend 일시적으로 중단하다
highly recommend 강력히 추천하다
increase[drop] dramatically 대폭 증가[감소]하다
record accurately 정확히 기록하다
align adequately 적절하게 정렬하다
release eventually 결과적으로 출시하다
answer promptly 즉시 답변하다
report promptly 즉시 보고하다
approve finally 결국 동의하다
examine closely 면밀히 검사하다

fasten securely 단단히 조이다
attach securely 단단히 부착하다
correspond exactly 정확하게 일치하다
progress steadily 꾸준히 진행되다.
display clearly 명확히 게시하다
work collaboratively 협력해서 일하다
publicize widely 폭넓게 공표하다
recall spontaneously 자발적으로 회수하다
be located conveniently 편리한 곳에 위치하다
allocate equally 동등하게 할당하다
decline respectfully 정중하게 거절하다

Unit 14 동사어휘 문제풀이의 기술

> **01** Chef Kim _____ a dish made up of several ingredients.
>
> (A) prepared
> (B) allowed
> (C) responded
> (D) answered

주어에서부터 가까운 순서대로 그림을 그리면 주어 다음에 동사가 오는 것이 매우 자연스럽다. 동사자리에 빈칸이 있고 선택지를 보니 동사로만 이루어져 있으므로 이 문제는 알맞은 동사어휘를 묻는 문제이다. 이러한 동사어휘를 묻는 문제는 대다수가 주어에서부터 순서대로 사고하며 **동사와 그 대상과의 관계**에서 답의 근거를 찾을 수 있다. '**요리사 김**
▶ 준비했다(prepared) ▶ 음식(a dish)'이 문맥상 가장 자연스러운 연결이므로 **정답은 (A)**이다.

어휘공식 01
동사어휘를 묻는 문제는 동사와 그 대상과의 관계에서 답이 나온다.

02 Grand Incorporated can _____ some orders, delivering them in as quickly as two to four days, which is less than half the regular time.

(A) direct
(B) include
(C) purchase
(D) expedite

선택지는 모두 동사이므로 **알맞은 동사어휘를 묻는 문제**이다. 우선적으로 동사어휘를 묻는 문제는 동사와 그 대상과의 관계를 생각해 봐야 한다. 주어인 '회사(Grand Incorporated)가 신속히 처리(expediate)하는 것이 주문'이 문맥상 가장 자연스러운 연결이므로 정답은 (D)이다.

해석 Grand 주식회사는 일반 배송 시간 절반에도 걸리지 않는 가능한 신속하게 2~4일 내에 배송함으로써 몇몇 주문 건을 신속히 처리할 수 있다.

03 To establish its presence on the Web, the firm recently _____ its name and hired an experienced consultant.

(A) added
(B) changed
(C) raised
(D) borrowed

선택지는 모두 동사이므로 알맞은 **동사어휘를 묻는 문제**이다. 우선적으로 동사어휘를 묻는 문제는 동사와 그 대상과의 관계를 생각해 봐야 한다. 동사의 대상인 name(이름)과 가장 잘 어울리는 동사를 고르면 (A)나 (B)이다. 그러나 추가하거나 덧붙인다는 의미의 **add**는 힘의 연속으로 '**add A to B**'의 구조를 보통 가지므로 문맥상 가장 잘 어울리는 것은 '**회사 ▶ 바꾸다 ▶ 이름**'인 (B)가 가장 적절하다.

해석 회사의 존재를 공고히하기 위해 최근에 이름을 변경하고 경험이 있는 자문가를 고용했다.

---

04 The team had been trying for hours to _____ the visitors from India with a presentation using graphics and colorful charts.

(A) qualify
(B) exclude
(C) describe
(D) impress

선택지는 모두 동사이므로 **알맞는 동사어휘를 묻는 문제**이다. 우선적으로 동사어휘를 묻는 문제는 동사와 그 대상과의 관계를 생각해 봐야 한다. 동사의 대상인 **the visitors(방문객들)**과 가잘 잘 어울리는 동사를 고르면 '**깊은 인상을 주다**'인 (D)가 가장 적절하다. 나머지 '(A) 자격을 주다 (B) 배제하다 (C) 묘사하다'는 그 대상인 '**방문객들**'과 어울리지 않는다.

해석 그 팀은 몇 시간 동안 인도에서 온 방문객들에게 삽화와 다채로운 도표를 사용한 발표로 깊은 인상을 심어 주고자 노력해 왔다.

> **어휘공식 02**
> 주어가 힘을 받는 경우 동사어휘와 주어와의 관계에서 답이 나온다.

---

05 The curator of the downtown art museum is very _____ because the museum won't be getting as much funding as in the past.

(A) complicated
(B) eliminated
(C) disappointed
(D) indebted

선택지가 동사변형으로만 이루어져 있으므로 **알맞은 동사어휘를 묻는 문제**이다. 주어가 힘을 받는 경우(**be+과거분사**)이므로 동사어휘와 주어와의 관계를 살펴보면, 주어가 큐레이터(박물관 · 미술관 등의 전시 책임자) 이므로 (C) 실망을 당하는 그림이 적절하다. 따라서 **정답은 (C) disappointed**이다. 나머지 선택지는 사람에게 적용하기에는 적절치 못하다.

(A) 복잡한
(B) 제거된
(D) 채무가 있는

06 Tours of the downtown museum will be ---------- by the size of each group visiting.

(A) collected
(B) received
(C) responded
(D) arranged

선택지가 동사변형으로만 이루어져 있으므로 알맞은 동사어휘를 묻는 문제이다. 주어가 힘을 받는 경우(be+과거분사)이므로 동사어휘와 주어와의 관계를 살펴보면, **주어가 관광[방문]이므로 (D) 준비가 되고 마련되는 그림이 적절하다.**

> **어휘공식 03**
> **동사어휘를 묻는 문제는 전치사와의 어울림(힘의 연속성)을 보면 답이 보인다.**

동사어휘를 묻는 문제는 동작(동사)과 그 대상과의 관계를 중심으로 먼저 살펴보고 그 다음으로 생각해야 하는 바는 전치사와의 힘의 연속성이다. 주어에서 부터 순서대로 그림을 그려 나가면, **전치사는 주어의 동작(동사)에 따라 결정**되기 때문이다.

07   A volunteer _____ money from a woman in the market.

(A) receives
(B) enables
(C) prefers
(D) responds

선택지를 보면, 서로 다른 단어이다. 따라서 문장구조를 묻는 문제가 아닌 어휘문제이다. 어휘문제는 그 단어의 의미만 알아도 절반은 해결된다. 그 중 특히 동사어휘는 동작(동사)과 그 동작의 힘이 미치는 대상(목적어)과의 관계가 중요하다는 점을 생각하며 알맞은 정답을 골라야 한다. 따라서 정답은 동작의 대상인 'money(돈)'와 가장 잘 어울리는 (A) receives(받다)가 정답이다.

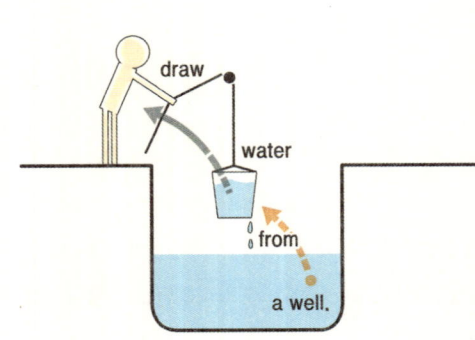

특히 뒤에 나오는 'from'이라는 전치사 때문에 더욱더 'receives'가 답임을 알 수 있는데, 주어에서 부터 순서대로 그림을 그려 나가면, 전치사는 주어의 동작(동사)에 따라 결정되는 경우가 많다.

예를 들어, 주어에서 나오는 힘이 앞으로 당기는 힘(pull, draw)이면 뒤에 힘을 받는 대상(water)은 앞쪽으로 당겨지니, 뒤에 올 전치사는 아래 그림과 같이 대상(water)이 움직여온 출발지를 나타내는 from이 오게 마련이다.

receive도 단순히 '받다' 이렇게 볼 것이 아니라 동작을 해보면 물건을 받으면서 '자기쪽으로 당기는 힘'이므로 알맞은 전치사는 from이다.

이와 같이 동사어휘문제는 주어에서 나오는 힘의 연속성을 확인해 봐야 한다. 즉, 동작(동사)과 그 힘에서 나오는 자연스러운 전치사의 흐름을 확인해 봐야한다. 이러한 것을 주어에서부터 나온 힘의 연속성이라고 하는데, 이와 같은 힘의 연속성을 다른 그림과 함께 좀 더 공부해보자

A helicopter drops water onto a burning ferry off the island.
한 헬리콥터 ▶ 떨어뜨리다 ▶ 물 ▶ onto ▶ 한 불타는 페리 ▶ off ▶ 섬

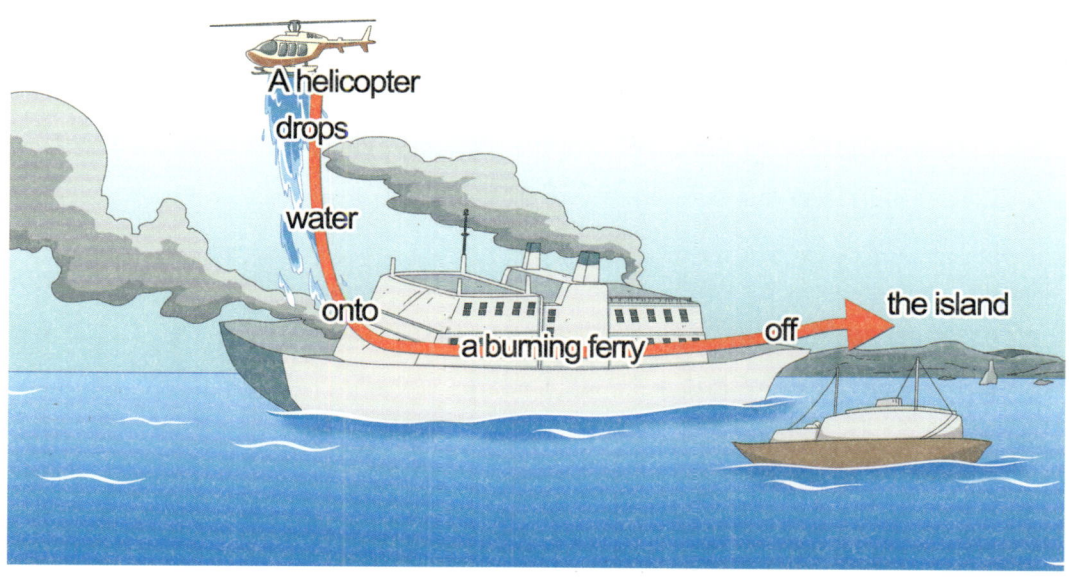

A helicopter drops water onto a burning ferry

그림 위쪽에 보이는 헬리콥터가 하는 동작은 drop이다. 그림에서 보듯이 아래로 떨어뜨리는 행동이다. 그 힘을 받는 대상은 water이다. 아래로 떨어뜨리니, 그 대상은 drop의 힘을 받아 어떤 방향으로 향해야 된다. 이런 힘의 연속성에 대한 감을 가지고 onto라는 전치사를 보자.

onto는 생긴 모습대로 'on+to', 즉 '**목표를 향해 나아가서 접하게 된다**'는 의미이다. 물을 쏟아 부으니 당연히 물이 나아가서 접하게 되는데, 그 대상이 a burning ferry(불타고 있는 페리호)이다.

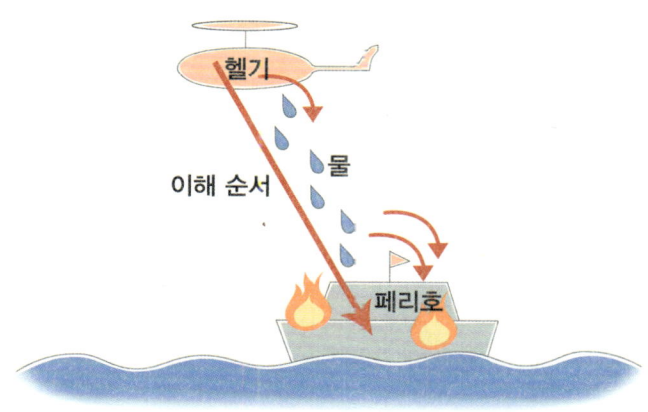

그림에서 확인되듯이, onto a burning ferry를 뒤의 a burning ferry부터 거꾸로 해석하여 "**불타는 페리호 위에**"라고 하

는 건 상식적인 이치와 순서에도 맞지 않는다. 이렇게 하는 것이 한국말로는 익숙해서 자연스러울지 몰라도 **drop**에서부터 이어지는 힘의 연속성을 망가뜨려서 순서대로의 이해를 불가능 하게 한다. 이런 식으로 하다보면, 나중에는 자연스럽게 영어가 주어에서부터 죽 순서대로 입에서 나오게 하는 능력을 영원히 가지지 못하는 불치병에 걸리고 만다. 그렇게 되면 생각하자마자 영어로 말을 하고자 하는 꿈은 요원해 진다.

주어에서부터 물 흐르듯이 순서대로 흘러가는 영어의 특성에 따르면, 동사에 이어서 뒤에 어떤 전치사가 와야 할지 거의 예측이 가능하다. 그래서 기 존에 여러분이 '**숙어**'라며 동사와 전치사를 한 세트로 암기했던 것은 사실 그렇 게 할 필요가 없던 헛수고였다. 영어를 배우는 데 '**숙어**'란 말은 필요가 없다.

영어에서 동사를 보면 가장 먼저 생각해볼 것이 힘의 방향이다.

주어에서 나오는 힘이 미는 힘(**push**)이거나 주는 힘(**give**)이거나 앞으로 전진 하는 힘인 가다(**go**)또는 달리다(**run**)가 오면 통상적으로 이어지는 전치사 도 앞을 향하는 **to, into, toward**가 오게 마련이다.

push/ go/ run ▶ to/ into/ toward

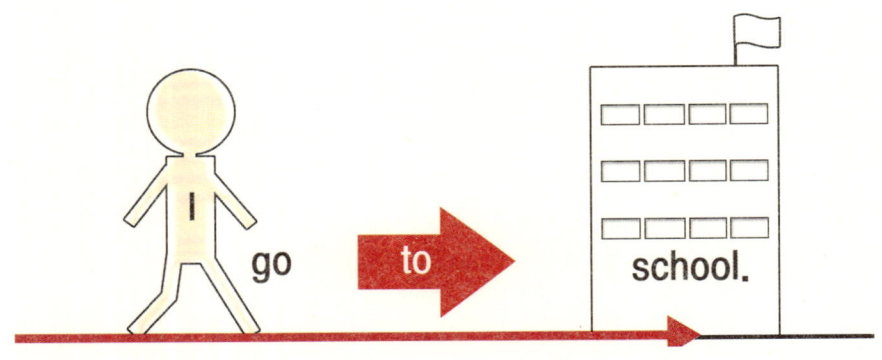

그래서 ▶▶ 와 같이 힘이 앞으로 연속적으로 죽 이어지게 된다.

이렇게 동사와 전치사가 세트로 연결되는 힘의 연결을 눈여겨보면 영어가 더욱 쉬워진다. 주어에서부터 순서대로 단어를 늘어놓기만 하면 되는 영어의 단순한 기본 법칙을 더욱 깊이 있게 깨닫게 되어, 참으로 읽는 순서대로, 들리는 순서대로 머리 속에서 그림이 좌악 그려지게 된다. 따라서 동사 다음에 꼭 어떤 전치사가 나온다고 암기할 게 아니라 그냥 힘의 연속성만 염두에 두면 동일한 방향의 전치사 종류 가운데 내가 마음먹은 대로 선택해서 말을 만들 수도 있게 된다.

영어란 이렇게 암기과목이 아니라 이해과목일 뿐이다. 절대 한국말로 문장을 먼저 다 만들어 놓고는 이를 영어 단어로 교체하고, 그 다음에 기존 거꾸로식 영어 문법을 적용해 이리저리 말을 조합하지 마시라.

a burning ferry off the island.

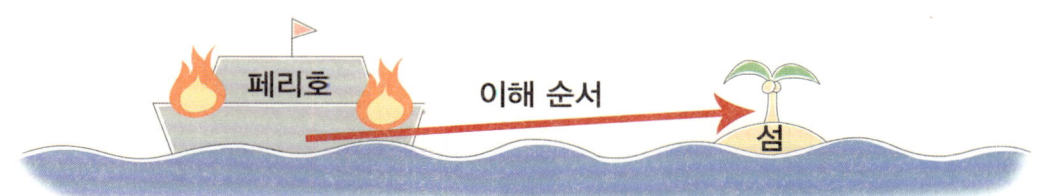

순서가 불타고 있는 페리를 보고, 그 다음에 off가 나오고, 배 뒤편으로 섬이 보인다. 보다시피 off의 역할은 앞의 **a burning ferry**가 무엇으로부터 떨어져 나와 있는지를 보여주는 것이다. 즉, 단절을 의미한다. 기존에는 **off** 하면 '~에서 떨어져서'라고 암기했을 것이다. 그러나 "Off the record!"라는 말을 한번 생각해보자. 정치인이 기자들과 얘기를 나누기 전, "**이제부터는 off the record임을 전제로 하고 얘기합시다**"라고 한 뒤 개인적인 의견이나 비밀스러운 얘기를 한다. off the record는 늘 '**비공식적인**'이라는 숙어로 암기 대상이었다.

하지만 off는 A와 B를 연결해주는 관절로서의 구실을 하기 때문에 당연히 그 앞과 뒤에 뭔가가 있어야 한다. 그런데 off가 바로 나왔다면 당연히 뭔가가 앞에서 생략되었다는 것이다. 왜 생략했을까? 말하는 사람과 듣는 사람이 당연히 알만하기 때문에 생략한 것이다. 바로 지금 말하는 사람이 '**하려는 말**'이 생략되었다. "(**하려는 말) off the record**"이다. 그래서 '**하려는 말이 떨어져 나와 있는데 그 단절의 대상이 바로 기록이다**'가 된다. 그러니 당연히 '**비공식적인**' 것이 되는 셈이다.

> **08** When the plastic product is cooled down enough to keep its shape, it's time to _____ it from the mould.
>
> (A) correspond
> (C) withdraw
> (8) write
> (D) detach

선택지를 보면 알맞은 동사어휘를 묻는 문제임을 알 수 있다. 일단 동사어휘는 **동작과 그 힘이 미치는 대상(목**

적어)과의 관계가 중요하며, 그 다음으로 그 동작의 '힘의 연속'으로의 전치사를 염두해 두며 알맞은 답을 골라야 한다. 우선적으로 it이 '플라스틱 제품'을 나타내므로 떼어내는 (D) **detach**와 어울린다. 아래 그림과 같이 떼어내는 동작은 주어에서 나오는 힘이 당기는 힘이므로 대상도 같은 방향으로 당겨지니, 뒤에 올 전치사는 그 대상이 앞쪽으로 움직여온 출발지를 나타내는 **from**이 오게 된다.

They detach paper from a fence.

주어에서 부터 순서대로 그림을 그려 나가면, 전치사는 주어의 동작(동사)에 따라 결정된다.

Two women withdraw money from ATM machines.

두 여성 ▶ 인출하다(뒤로 당기다) ▶ 돈 ▶ from ▶ ATM 기계

(C) withdraw는 '인출하는 동작'이다. 이러한 동작도 주어에서 나오는 힘이 당기는 힘이므로 대상인 돈(money)도 주어 쪽으로 당겨지니 그 출발점을 나타내는 from이 역시 자연스럽다. 이 문제의 경우 전치사와의 힘의 연속을 올바르나 동작 withdraw는 대상이 '플라스틱 제품'이 될 수 없다.

해석 플라스틱 제품이 형태를 유지할 정도로 추운혀 식혀지면 형틀로부터 떼어내야 할 시간이다.

09 Over the past 48 months, the Ho Port and Marina has _____ beyond its traditional role as a fishing port into a major tourist attraction.

(A) promoted
(B) evolved
(C) determined
(D) removed

선택지를 보면 알맞은 동사어휘를 묻는 문제임을 알 수 있다. 일단 동사어휘는 동작과 그 힘이 미치는 대상(목적어)과의 관계가 중요하며, 그 다음으로 그 동작의 '**힘의 연속**'으로의 전치사를 염두해 두며 알맞은 답을 골라야 한다. (A) **promote**는 '홍보하다', '승진시키다'등의 의미로 앞으로 미는 힘이다. 따라서 대상이 바로 와야 한다. 위의 문제는 동사어휘 빈칸 다음에 전치사 **beyond**가 있으므로 동작의 대상이 바로 필요한 이른바 '**타동사**'는 정답이 아니다. 같은 이유로 (C) **determin** (결정하다), (D) **remove** (제거하다)는 정답이 아니다. 따라서 **정답은 주어가 스스로 발달하고 진화하는 동작인 (B) evolve** 이다. 이러한 **evolve**의 '**힘의 연속**'을 다음의 그림을 통해 배워보자.

It evolves beyond the boundary into a woman
그것 ▶ 발달하다 ▶ beyond ▶ 경계 ▶ into ▶ 한 여성

위의 그림과 같이 주어가 스스로 발달하고 진화하면 뛰어 넘게 되는(**beyond**) 것이 경계선이며 그 전과는 형태가 변하

게(into) 된다. 따라서 동사의 '힘의 연속'으로 전치사 'beyond와 into'가 오게 된다.

해석 지난 48개월에 걸쳐서, Ho Port and Marina는 어선항구라는 전통적인 역할을 넘어 주된 관광지로 발달했다.

사실 위 문제는 주어가 스스로 하는 동작(자동사)과 주어가 힘을 가해 대상이 필요한 동작(타동사)을 가려내도 해결이 되는 문제이다. 따라서 다음과 같은 공식이 가능하다.

> 어휘공식 04
>
> 동사어휘를 묻는 문제는 주어가 스스로 하는 동작(자동사)만 가려내도 절반은 해결되며, 스스로 하는 동작(자동사)인 경우 전치사와 묶어서 기억하자.

10 The department director _____ to e-mails as soon as possible, usually sending an answer the same day.

(A) confirms
(B) reviews
(C) responds
(D) forwards

선택지를 보니 동사어휘를 묻는 문제이며 자동사와 타동사로 이루어져 있다. 빈칸 뒤에 동사의 대상이 오지 않고 전치사가 오는 경우이므로 알맞은 자동사가 와야 한다.

(A) confirms 확인하다 ▶ 확인하는 내용(대상)

(B) reviews 검토하다 ▶ 검토하는 내용(대상)

(D) forwards 보내다 ▶ 보내는 대상

따라서 (C)를 제외하고는 전부다 동사 뒤에 대상이 와야 하는 경우이므로 정답은 (C) responds이다. respond(반응하다)는 전치사 to를 통해서 반응하는 대상이 오는 동사이다. 따라서 'respond to e-mails' 기억해 두자.

해석 부장은 대개 당일 날 답변을 보내면서 가능한 빨리 이메일에 응답한다.

> **11** The job seekers in different parts of the world may _____ in their opinions of what is suitable to include in a resume.
>
> (A) alter
> (B) adjust
> (C) swap
> (D) differ

선택지를 보니 동사어휘를 묻는 문제이며 자동사와 타동사로 이루어져 있다. 빈칸 뒤에 동사의 대상이 오지 않고 전치사가 오는 경우이므로 알맞은 자동사가 와야 한다.

(A) alter 바꾸다 ▶ 바꾸는 대상
(B) adjust 조절하다 ▶ 조절하는 대상
(C) swap 교환하다 ▶ 교환하는 대상

따라서 (D)를 제외하고는 전부다 동사 뒤에 대상이 와야 하는 경우이므로 **정답은 (D) differ**(다르다)이다.

해석 세상의 서로 다른 분야의 구직자들은 이력서에 적절한 무엇이 들어가야 하는 지가 다 다를 것이다.

Unit 15 부사 어휘 문제풀이 기술

부사의 생성원리를 이해하면, 답이 보인다.

부사는 동작과 상태의 정도를 구체적으로 말해주는 말로 음식에서의 조미료와 같은 역할을 한다.

Chef Kim [skillfully] prepared a dish made up of several ingredients.

요리사 Kim ▶ [skillfully] 준비했다 ▶ 요리 ▶ 구성됨 ▶ 다양한 ▶ 재료들 주어에서부터 가까운 순서대로 그림을 그리면 **주어(요리사)** ▶ **동작(준비하다)** ▶ **그 동작의 대상(요리)** 순서임이 당연하다. 즉, 주어인 '**요리사**'가 존재하고, 다음으로 요리사가 행한 '**준비하다**'라는 행위가 있으며, 그 다음 그 행위가 닿은 대상으로 '**요리**'인 어순이다. 주어의 '**요리사**'의 입장에서는 '**준비하다**'는 동작이, 그로 인해 영향을 받게 되는 대상 '**요리**'보다, 나 자신에게 더 가깝다는 물리적 이해가 고스란히 적용된 어순인 것이다.

이러한 주어 중심으로 해서 순차적으로 확산되어 나가는 원어민의 사고에서 **동작(준비하다)의 정도**를 나타내는 말을 첨가할 수 있다. 이를 '**부사**'라고 하는데 이러한 **동작의 정도를 나타내는 말, 부사는 동작(동사) 주위에 배치**하여 강조한다.

사진에서 보면 준비하는 동작이 매우 **능숙해[skillfully]** 보인다. 따라서 동작(**prepared**) 앞에 **skillfully**를 첨가하여 다음과 같이 문장을 만들 수 있다.

Chef Kim skillfully prepared a dish made up of several ingredients.

이렇게 부사는 기본적으로 동사나 형용사의 정도를 나타내는 말이므로 부사어휘를 묻는 문제는 다음과 같이 정리할 수 있다.

> 01. 가까운 동사와의 관계를 생각해보면 답이 나온다.
> 02. 바로 뒤에 형용사가 있는 경우 형용사와의 관계를 보자.

어휘공식 04
부사어휘를 묻는 경우, 가까운 동사와의 관계를 생각해보자.

01 Maintenance crews are reminded to check their equipment _____.

(A) frequently
(B) presently
(C) smoothly
(D) specifically

선택지를 보면 알맞은 부사어휘를 고르는 문제이다. 부사란 동사의 정도를 나타내는 말이므로 가까운 동사(동사변형)와의 관계를 보면 'check(확인하다)'와 어울리는 부사는 **(A) frequently(자주)**가 어울리므로 정답이 될 수 있다.

해석 유지관리반은 장비를 자주 점검하도록 주의를 받았습니다.

02 It is a common practice that lawyers speak very _____ so as not to offend their clients.

(A) indirectly
(B) mutually
(C) nearly
(D) intentionally

선택지를 보면 알맞은 부사어휘를 고르는 문제이므로, 우선적으로 가까운 동사(동사변형)와의 관계가 우선이다. **speak**는 일방적으로 말하는 경우다 따라서 **mutually**(상호간에, 서로)와 어울리지 않고, **indirectly**(간접적으로, 우회적으로), **intentionally**(의도적으로)와는 어울린다. 문맥상 변호사는 고객들의 감정을 상하게 하지 않기 위해 '**간적적으로, 우회적으로**' 말한다가 더 적합하다. 따라서 **정답은 (A)**이다.

해석 고객들의 감정을 상하지 않게 하려고 변호사들이 매우 우회적으로 말하는 것은 흔한 관행이다.

03

The researcher should _____ report to the committee when an accident takes place during the activity.

(A) closely
(B) promptly
(C) sincerely
(D) simultaneously

선택지를 보면 알맞는 부사어휘를 고르는 문제이므로, 가까운 동사와의 관계를 우선적으로 살펴보아야 한다. 가까운 동사가 **report**(보고하다)이므로 **promptly**(즉시)와 어울린다. 따라서 **정답은 (B)**이다.

해석 연구자는 연구동안 사고가 일어났을 때, 반드시 위원회에 즉시 보고해야한다.

04

The team members were _____ chosen for the unique skills and talents they might bring to the project.

(A) deeply
(B) presently
(C) smoothly
(D) specifically

선택지를 보면 알맞는 부사어휘를 고르는 문제이므로, 동사(동사변형)와의 어울림이 중요하다. 주어가 선택 당하는 (**be chosen**)그림이므로 이와 어울리는 부사는 **specifically**(특별히)가 적절하다. 따라서 그 팀 구성원들은 어떤 목적을 위해 특별히 선발된 그림이므로 **정답은 (D)**이다.

해석 그 팀 구성원들은 그 프로젝트에 가져올 독특한 기술들과 재주들을 위해 특별히 선발되었습니다.

알맞은 부사어휘를 고르는 문제는 일반적으로 동사(동사변형)와의 어울림이 중요하다. 그러나 부사는 동사만이 아니라 형용사(상태)의 정도도 나타내는 말이므로 동사가 없을 때, 형용사와의 어울림을 봐야 한다. 쉽게 설명하면 '**He is nice**'라는 문장에서 nice의 '**정도와 수준**'를 나타내기 위해 **very**를 nice앞에 첨가할 수 있다. 그래서 완성된 문장 '**He is very nice.**' 따라서 다음과 같은 공식이 가능하다.

어휘공식 05
부사어휘를 묻고, 빈칸 뒤에 형용사가 있는 경우, 형용사와의 관계를 생각해보자.

05 The parking garage is ———— full during lunchtime, but there might be a few spaces left on the topmost level.

(A) almost
(B) very
(C) rather
(D) quite

선택지를 보면 알맞은 부사어휘를 고르는 문제이므로, 동사(동사변형)와의 어울림이 중요하다. 그러나 부사는 동사만이 아니라 형용사(상태)의 정도도 나타내는 말이므로 동사가 없을 때, 형용사와의 어울림을 봐야 한다. **full**(가득한)과 어울리는 부사는 (A) **almost**(거의)이다.

그러나 한국말로 대입해 보면 아래와 같이 선택지의 부사들이 다 어울리는 것 같다.

(A) **almost**(거의)
(B) **very**(매우)   + **full**(가득한)
(C) **rather**(다소)
(D) **quite**(꽤)

그러나 문장의 뒤를 읽어보면 'but' 뒤에 '**가장 꼭대기 층에는 몇 자리가 남아 있다**'는 말이 있으므로 문맥상 **almost full**이 적절하므로 **정답은 (A)**이다.

해석 그 주차장은 거의 점심시간 동안 가득차지만 가장 꼭대기 층에는 몇 자리가 남아 있을 것입니다.

어휘공식 06
선택지 부사어휘에 시제관련 어휘가 있으면, 어울리는 시제부터 점검해보자.

부사 중에 시제와 관련된 부사가 있다. 이는 알아두기만 하면 쉽게 답을 맞출 수 있는 경우이므로 반드시 숙지하자.

현재시제와 잘 어울리는 부사	now, presently, currently
과거시제와 잘 어울리는 부사	ago, last week, once
미래시제와 잘 어울리는 부사	soon, shortly
현재완료시제와 잘 어울리는 부사	(ever) since
과거시제, 현재완료시제 모두 잘 어울리는 부사	recently, lately, already

06 According to news, commercial real estate market recovery has _____ begun.

(A) still
(B) yet
(C) already
(D) once

선택지를 보니 **알맞는 부사어휘를 묻는 문제**인데, 자세히 보니 **시간(시제)과 관련있는 부사**이다. 시제가 '**현재완료**'이므로 '**already**'가 어울린다. **정답은 (C)**

해석 뉴스에 따르면, 상업적인 부동산 시장 회복이 이미 시작되었다.

07 We will _____ be implementing a whole range of security measures to curtail petty theft in the office.

(A) recently
(B) soon
(C) just
(D) already

선택지를 보니 **알맞는 부사어휘를 묻는 문제**인데 자세히 보니 시간(시제)과 관련있는 부사이다. 시제가 '**미래**'인데 미래시제와 어울리는 것은 (B) **soon**뿐이다.

> ## 어휘공식 07
> 숫자 표현 등의 특정한 말과 어울리는 부사어휘를 먼저 공부하자.

08 Please, be aware that the work for expanding parking areas on B plant will begin _____ at 10:00 A.M. next Monday.

(A) generously
(B) accordingly
(C) approximately
(D) shortly

선택지를 보니 **알맞은 부사어휘를 묻는 문제**인데, 빈칸 뒤를 보니 숫자표현 (**at 10:00 A.M**)이 나왔다. 토익은 숫자관련 부사를 자주 출제하니 이것을 염두해 두고 풀면 (C) **approximately**는 빈칸 뒤 숫자 표현(**at 10:00 A.M.**)과 잘 어울려 '**거의, 대략**'이란 뜻을 가지므로 정답이다.

해석 B 공장의 주차 공간 확장을 위한 작업이 대략 오전 10시에 시작될 것이라는 점을 다음 월요일에 알아두십시오

숫자 표현 앞에서 자주 출제되는 부사

(1) '거의+숫자' (almost, nearly)

(2) '대략+숫자' (approximately, about, around, roughly)

(3) '최소한, 최대한 + 숫자' (at least, at most, up to)

(4) '조금 더, 조금 덜+숫자' (more than, over, less than)

어휘공식 08

글의 처음에 부사자리일 때, 대체로 정답이 되는 것이 있다.

경우에 따라 문장전체 내용에 대한 정도를 말해주는 부사가 있다. 이와 같은 부사의 위치는 글의 처음, 문두이며 대체로 정답이 되는 것이 정해져 있다. 따라서 다음과 같은 내용을 기억해 두자.

문두(글의 처음)에서 문장전체 내용에 대한 정보를 말해주는 부사들

(1) 유감스럽게 (Regrettably, Unfortunately)

(2) 최근에 (Recently)

(3) 분명히 (Apparently, Obviously, Evidently)

(4) 아마도 (Presumably)

(5) 중요하게도 (Importantly, Significantly)

09 _____, the lawsuit will be settled within the near future.

(A) almost
(B) presumably
(C) recently
(D) relatively

선택지를 보니 **알맞은 부사어휘를 묻는 문제**인데, 문두에 빈칸이 있고 그 다음 콤마로 주어에서부터 새로 시작한다. 따라서 일반적인 부사(동사와 형용사의 정도를 알려주는 말)가 아니라 문장전체 내용에 대한 정도를 알려주는 부사다. 앞으로 일어날 일(will)에 대한 내용은 (B) **presumably(아마도)**와 잘 어울리므로 정답이다.

해석 아마도, 그 소송은 가까운 미래에 합의가 이루어질 것 같다.

Unit 16 형용사 어휘 문제풀이의 기술

> **어휘공식 09**
>
> 형용사는 명사 덩어리의 일부로써 사용될 때가 많다. 따라서 빈칸 뒤의 명사와의 어울림을 생각해 보자.

문장 내에서 대다수의 형용사는 **'명사'의 상태를 나타내는 말**로 명사 앞에 위치하여 명사덩어리를 이룬다. 따라서 선택지를 보고 알맞은 형용사 어휘를 묻는 문제라고 판단되면 뒤의 명사와의 어울림을 보고 풀어야 한다.

01 Park Technology is in need of a ‒‒‒‒‒‒‒ administrator to run its newly opened manufacturing facility.

(A) capable
(B) potential
(C) continuous
(D) distant

선택지를 보니 알맞은 형용사 어휘를 묻는 문제다. 형용사는 **'명사'**의 상태를 나타내는 말로 명사 앞에 위치하여 명사덩어리를 이룰 때가 다수이다. 빈칸 앞이 관사이고 빈칸 뒤가 명사이므로 명사덩어리를 이루는 형용사이다. 빈칸 뒤의 명사 **administrator**(경영자)와의 어울림을 생각해 보면 (A) **capable**(유능한)이 적합하다.

해석 Park Technology는 새롭게 문을 연 제조 공장을 운영할 유능한 경영자를 필요로 합니다.

02 The interior decorator will need to take _____ measurements of the office space before drafting a blueprint of her proposed design.

(A) considerate
(B) accurate
(C) genuine
(D) loyal

선택지를 보니 알맞은 형용사 어휘를 묻는 문제다. 앞서 언급했듯 형용사는 경사 앞에 위치하여 명사덩어리를 이루므로 빈칸 뒤의 명사와의 어울림이 중요하다.

(A) considerate(사려깊은)
(B) accurate(정확한)   + measurements(치수)
(C) genuine(진짜의)
(D) loyal(충직한)

빈칸 뒤 명사인 **measurements**(치수)와 어울리는 형용사는 (B) **accurate**(정확한)이므로 정답이다.

해석 그 인테리어 업자는 사무실 공간의 청사진을 만들기 전에 그녀가 제안한 디자인의 정확한 치수를 잴 필요가 있을 것이다

03 By introducing the state-of-art machine, we expect _____ growth in orders from September.

(A) substantial
(B) wide
(C) open
(D) round

성장(**growth**)과 어울리는 단어는 상당한(**substantial**)밖에 없다. 따라서 **정답은 (A)**이다.

(A) substantial(상당한)
(B) wide(폭이 넓은)   +   growth(성장)
(C) open(열린)
(D) round(둥근)

해석 우리는 최첨단 기계를 도입함으로써 9월부터 주문에 있어서 상당한 성장을 기대합니다.

04 Brons is seeking _____ workers for their business expansion in Asia, which is due next year.

(A) comfortable
(B) skilled
(C) major
(D) extensive

먼저 선택지들의 뜻을 살펴보면 (A)는 '**편안한**' (B)는 '**숙련된**' (C)는 '**대다수의, 주요한**' (D)는 '**광범위한**'이란 뜻이다. 문맥에서 근로자와 가장 잘 어울리는 어휘는 (B)의 '**숙련된**'이란 형용사이다.

해석 브랜스사는 숙련된 근로자들을 내년으로 예정된 아시아에서의 사업 확장을 위해서 찾고 있습니다.

형용사는 명사덩어리에 구성요소가 되거나 **be동사 다음에 나와 동사덩어리**를 이룰 때가 많다. 이러한 동사덩어리는 **to**부정사와 결합하여 조동사와 비슷하게 사용되는 경우가 많이 출제가 되기 때문에 이부터 숙지하면 풀이 시간을 단축할 수 있다.

어휘공식 10

be동사 다음에 형용사자리에 빈칸이 있는 경우, to부정사와 결합하여 조동사와 비슷하게 쓰이는 경우가 많다.

05 Mark Adams injured himself while skiing last weekend and was therefore _____ to compete in Thursday's sporting event.

(A) unable
(B) likely
(C) protective
(D) central

빈칸 앞에 be동사가 있고, 빈칸 뒤에 to부정사가 있으므로 이와 결합하여 조동사와 비슷하게 쓰이는 것이 정답일 확률이 높다.

> be unable to do ▶ can not
>
> be likely to do ▶ can or may

문맥상 부상을 당해서 시합에 참가할 수 없는 상황이므로 'be unable to compete ▶ can not compete'가 적절하다. 따라서 **정답은 (A)**이다.

해석 Mark Adams는 지난 주말 스키를 타던 중 부상을 당했다. 따라서 월요일 스포츠 시합에 참가할 수 없었다.

Unit 17 명사 어휘 문제풀이의 기술

A volunteer receives money from a woman in the market.

(앞서 언급했듯이) 문장을 크게 보면 (1)명사덩어리(노란색 동그라미)와 그 명사덩어리를 연결시켜주는 말(빨간색 선)로 구성되어 있다. 따라서 명사 어휘 문제를 푸는 방법은 **(1)명사덩어리를 이루는 단어를 보고 푸는 방법**과 **(2)명사덩어리를 연결해주는 단어를 보고 푸는 방법**이 있을 수 있다.

❶ 명사덩어리를 이루는 단어를 보고 푸는 방법

> **어휘공식 11**
>
> 명사어휘를 물을 때, 명사덩어리를 이루는 단어와의 어울림을 중요하다.
> (주로 '형용사+명사'의 어울림)

01 Since our employees have worked late recently, they must be given substantial _____.

(A) recognition
(B) raises
(C) increasing
(D) advances

선택지가 모두 서로 다른 명사니까 <u>의미상 적절한 어휘</u>를 골라야 한다. 명사는 내적으로는 ❶**명사덩어리를 이루는 단어와의 어울림**을 봐야 하고 외적으로는 ❷**명사(덩어리)를 연결해주는 단어**를 보고 푸는 방법이 있다. 빈칸 앞의 형용사 **substantial** (상당한)이므로 뒤의 명사와 어울려 명사덩어리를 이룬다. 따라서 이 **substantial**(상당한)과 어울리는 명사가 정답이다. 어울리는 명사는 (B) **raises** (급여 인상)이다.

해석 우리 직원들이 늦게까지 일해 왔기 때문에 최근에 상당한 월급 인상을 그들은 받아야만 한다.

02 The current mayor has stated that fixing streets is a top _____, so it is the first topic to be discussed at the next council meeting.

(A) record
(B) session
(C) priority
(D) reason

선택지가 모두 서로 다른 명사니까 **의미상 적절한 어휘를** 골라야 한다. **❶명사덩어리를 이루는 단어와의 어울림을** 보면 빈칸 앞의 형용사 top(최고의)이므로 뒤의 명사와 어울려 명사덩어리를 이룬다. 문맥상 '최고의'와 어울리는 명사는 선택지중 **(C)priority(우선순위)**이다.

해석 현 시장은 도로를 정비하는 것이 가장 우선순위라서 다음 의회 미팅에서 논이 될 가장 첫 주제라고 언급했다.

---

03 I regret to inform you that because of an unknown technical problem, these may be a brief _____ of our service

(A) detention
(B) interruption
(C) submission
(D) collection

선택지가 모두 명사니까 **의미상 적절한 어휘를** 골라야 하는데, 명사덩어리의 구성요소인 형용사 일시적인(**brief**)과 잘 어울리는 말은 중단(**interruption**)이다. 따라서 정답은 (B)다. '**a brief interruption of our service(서비스의 일시적 중단)**' 을 기억해두자.

해석 당신에게 알리게 되어 유감입니다. 잘 알려지지 않은 기술적 문제 때문에 우리의 서비스에 대해 일시적 중단이 있을지 모른다고

---

04 I would like to express my heartfelt _____ to the people for selecting me as your new governor.

(A) extent
(B) gratitude
(C) rise
(D) attention

선택지가 모두 명사어휘이므로 의미상 적절한 명사어휘를 골라야 하는 문제이다. 빈칸 앞에 형용사 진심어린 (**heartfelt**)과 잘 어울리는 말은 감사(**gratitude**)이다. 따라서 **정답은 (B)**이다.

해석 저는 새로운 주지사로서 나를 뽑아준 것에 대해서 진심어린 감사를 사람들에게 표현하고 싶습니다.

❷ 명사덩어리를 연결해주는 단어를 보고 푸는 방법

전치사 (명사덩어리를 연결 ②)

A volunteer receives money from a woman in the market.

동사덩어리 (명사덩어리를 연결 ①)

명사덩어리를 연결해주는 단어를 단서를 푸는 경우도 있다. 이러한 연결해 주는 단어를 좀 더 세분화하면 동사덩어리와 전치사로 나눌 수 있다.

> **어휘공식 12**
>
> **명사어휘를 물을 때, 동사와의 어울림을 보고 푼다.**

05 After 6 months, you will have the option of renewing your _____ to our magazine or not.

(A) prescription
(B) description
(C) subscription
(D) inscription

빈칸 앞은 your가 있으므로 명사덩어리가 오는 자리이다. 빈칸 앞의 동사변형인 renewing과의 어울림을 생각하면 '갱신(renew)'하는 것은 (C) subscription(구독)이 정답이다.

해석 6개월 후에 당신의 잡지 구독을 갱신할지 말지 선택할 수 있습니다.

06 I would like to express my heartfelt _____ to the people for selecting me as your new governor.

(A) extension
(B) gratitude
(C) rise
(D) attention

앞서 풀었던 문제이다. 그러나 이번에는 동사와의 어울림을 보고 풀어보자.

(A) **extension**(연장, 내선번호)
express(표현하다) + (B) **gratitude**(감사)
(C) **rise**(증가, 상승)
(D) **attention**(주의)

표현하는(express) 것은 보통 속에 들은 생각이므로 그 동작의 대상으로 (B) **gratitude**(감사)가 가장 어울린다.

해석 나를 뽑아준 것에 대해 새로운 주지사로서 진심어린 감사를 사람들에게 표현하고 싶습니다.

주어에서부터 나오는 동사(express) 힘의 연속성을 생각해 보면 아래 그림과 같이 나타낼 수 있다.

I express my gratitude to people.
나 ▶ 표현한다 ▶ 나의 감사 ▶ to(나아가서 만나는 대상은~) ▶ 사람들

즉, 주어가 표현하면 그 대상은 속에 있는 생각인 감사(꽃을 통해 감사를 나타냄)이고 그 감사가 나아가서 만나는 대상은 사람들이다. 따라서 **express**가 나오면 전치사 **to**가 이어지는 것이 주어에서 나오는 힘의 연속성이다. 위의 문제는 뒤의 전치사와의 어울림을 보고도 풀 수 있다. **gratitude**(감사)가 있으면 그 대상이 있어야하지 않는가? **전치사 to**가 나와야 한다. 이렇듯, 영어란 주어에서 그림을 그리며 연속적으로 나아가는 힘을 이해하고 있는가가 핵심이다. 단순한 공식암기를 통해 뭔가를 하려고 하지 말고 말이 구성되는 원리를 이해하자.

> ❶ 명사덩어리를 이루는 단어를 보고 푸는 방법
> ❷ 명사덩어리를 연결해주는 단어[동사 or 전치사]를 보고 푸는 방법
> ▶ 결국 이 모든 것이 하나이다.

어휘공식 13
명사어휘를 물을 때 전치사와의 어울림을 보자.

07 The supervisor's _____ to the office after a one-month leave was welcomed by all department members.

(A) removal
(B) reopening
(C) refusal
(D) return

빈칸 뒤의 전치사 to (나아가서 만나는 그림)가 있으므로 명사와 전치사의 어울림을 생각해 보자. 특히 **동사에서 온 명사는 동사와 같은 힘의 연속성**을 가지고 있는데 한 예로 **remove**(제거)는 잡아 당기는 동작이므로 전치사 **from**이 주로 붙는다. 마찬가지로 명사 **removal**(제거)는 전치사 **from**과 짝을 이룬다. 이 문제에서 전치사 **to**와 어울리는 어휘는 **return**(돌아옴)이므로 **정답은 (D)**이다.

해석 관리자가 한 달간 휴가를 다녀온 이후 사무실에 들어온 것은 모든 부서원들에 의해 환영을 받았다.

어휘공식 14

to 부정사와 어울리는 명사를 정리하자.

08 The City Transport Bureau has implemented yet another ———— to ease traffic congestion during rush hour, but it hasn't worked.

(A) scheme
(B) pattern
(C) recipe
(D) maneuver

선택지를 보니 알맞은 명사어휘를 묻는 문제이다. 빈칸 뒤를 보면 동사변형 to 부정사가 나오는데 명사가 **미래의 뉘앙스(가능성, 하려는 바 의도)**를 가지거나 **힘(power)의 의미**를 지니면 그 힘 때문에 자연스럽게 '**나아가서 할 수 있는[하려는]바**'인 to 부정사가 나온다. 선택지 중 (A) **scheme**(계획)은 미래 뉘앙스를 가지므로 뒤에 **to** 부정사가 올 수 있다. 따라서 **정답은 (A)**이다.

해석 시 교통국은 러시아워 동안의 교통체증을 완화시키기 위한 또 다른 계획을 수행했지만, 효과가 없었습니다.

명사 + to 부정사

willingness(의도) to do
decision(결정)   to do   effort(노력)   to do
scheme(계획)   to do   authority(권위) to do
attempt(시도)   to do   right(권리)   to do
chances(가능성) to do   time(시간)   to do
ability(능력)   to do   way(방법)   to do
potential(잠재력) to do

Chapter 05
글 전체의 맥락을 파악해야 하는 Part 6 문제풀이 비법

Unit 18 글의 주제를 파악하자.

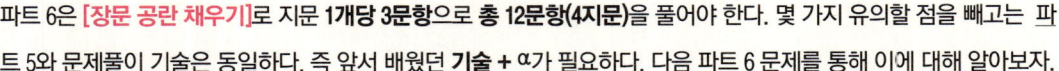

파트 6은 [장문 공란 채우기]로 지문 1개당 3문항으로 총 12문항(4지문)을 풀어야 한다. 몇 가지 유의할 점을 빼고는 파트 5와 문제풀이 기술은 동일하다. 즉 앞서 배웠던 **기술** + α가 필요하다. 다음 파트 6 문제를 통해 이에 대해 알아보자.

Questions 1-3 refer to the following e-mail.

To : All Employees
From : Brian Tracy
Date : January 13
RE : Performance bonus

▶ RE는 편지의 제목(주제)를 나타내는 말이다. 따라서 이 글의 주제는 '**성과급**'이다. 파트 5와 다르게 이 주제에 맞는 어휘를 고르는 경우가 있으므로 파트 6에서는 글의 주제를 파악해야 되는 경우가 많다.

Dear Employees,
As you know, the past year was a great success for us. To reward you for your excellent performance, the Board of Directors has approved a bonus for all employees. This bonus will be _____ in your next paycheck.

(A) involved
(B) joined
(C) composed
(D) included

▶ 파트 5와 동일하게 동사어휘를 묻는 문제이다.

주어인 '**보너스(상여금)**'와 동사어휘와의 관계를 생각하면

> ### 어휘공식 02
> **주어가 힘을 받는 경우 동사어휘와 주어와의 관계에서 답이 나온다.**

상여금은 월급에 포함되는(**be included**) 그림이 적절하다.

_____, we are now calculating wage increases for the upcoming year.

(A) Instead
(B) In addition
(C) Beforehand
(D) Otherwise

▶ 파트 6은 파트 5와 다르게 장문이므로 [단락의 정보와 앞 단락의 정보]를 연결하는 단어에 대해서 묻는다. 이를 접속부사라 하는데, 문장 연결의 의미를 가진 부사라고 생각하고 각각의 의미를 알고 있으면 된다. 문맥상 더해진 추가적인 내용이므로 **정답은 (B) In addition**이다.

Each employee's performance will be examined carefully as we determine the appropriate increase.
All full-time employees are eligible for this increase.
Your supervisor _____ you of the amount of your increase during the first week of January.

(A) informed
(B) to inform
(C) will inform
(D) was informing

▶ 파트 5와 동일하게 선택지를 먼저 보니 동사덩어리를 묻는 문제이다.

> **어휘공식 04**
> 선택지가 동사와 동사변형으로 이루어져 있을 때 연결어가 없으면 동사는 하나이다.

동사자리이면 **(1)주어에서 나가는 힘의 방향 ▶ (2) 수일치 ▶ (3)시제** 순으로 점검해보자.

빈칸은 동사자리이므로, 동사변형인 (B)는 정답이 아니다. 문맥상 앞으로 일어날 일이므로 **(C) will inform**이 적절하다.

정리하면, 앞서 공부한 파트 5의 문제풀이기술이 파트 6에도 동일하게 적용되나 ❶**글의 주제**, ❷**접속부사** 그리고 ❸**문맥에 알맞는 시제**를 고려하며 문제를 풀어야 한다.

Question 01 refer to the following e-mail.

To : Blue Car Specialists
From : Willy White
Date : December 13th
Subject : To Fix Classic Car
To Whom it May Concern,
I was wondering if you could tell me where I can find a place that knows how to _____ antique cars.

01. (A) purchase
    (B) repair
    (C) sell
    (D) advertise

To : Orange Car Specialists
From : Willy White
Date : October 9th

Subject(주제) : **To Fix Classic Car** (클래식 차 수리) ▶ 글의 주제가 나왔으니 이를 먼저 파악해야 한다.

To Whom it May Concern,
I was wondering if you could tell me where I can find a place that knows how to _____ **antique cars.**

01. (A) purchase
    (B) repair
    (C) sell
    (D) advertise

▶ 선택지를 보니 알맞은 동사어휘를 묻는 문제이므로 우선적으로 빈칸 뒤 대상과의 관계를 봐야 한다. 동작의 대상이 **antique cars**(골동품인 차들)이므로 앞서 파악한 글의 주제를 단어를 바꿔서 대입하면 쉽게 풀 수 있다. **fix**의 다른 말이 **repair**이므로 선택지 (B) **repair가 정답**이다.

Question 02-04 refer to the following e-mail.

From: John, Lee
To: researchers
Date: Monday, January 13
Subject: materials budget

Greetings everyone,
Last week, I was given the proposed _____ for the 2015-2016 school year.

02. (A) budget
    (B) addition
    (C) itinerary
    (D) probability

I know everyone is disappointed, as we _____ more support form the Dean and the board.

03. (A) are anticipating
    (B) had anticipated
    (C) will anticipate
    (D) were anticipated

Since funds are limited, please be _____ and make sure that any materials we purchase can be used inside the entire department.

04. (A) selecting
    (B) select
    (C) selective
    (D) selection

From: John, Lee
To: researchers
Date: Monday, January 13
Subject: materials budget ▶ 이 글은 '예산(budget)'에 대한 글이다.

Greetings everyone,
Last week, I was given the proposed _____ for the 2009-2010 school year.

02. (A) budget
    (B) addition
    (C) itinerary
    (D) probability

선택지를 보니 알맞은 명사어휘를 묻는 문제이다. 선택지를 빈칸에 넣어 가장 알맞은 것을 골라야 한다. 그러나 앞서 e-mail의 주제(subject)가 budget(예산)임을 파악했으므로 문맥상 정답 (A) budget임을 쉽게 알 수 있다.

I know everyone is disappointed, as we _____ more support form the Dean and the board.

03. (A) are anticipating
(B) had anticipated
(C) will anticipate
(D) were anticipated

> **동사덩어리 공식 03**
>
> 선택지가 동사와 동사변형으로 이루어져 있을 때 문장연결어(관계사, 접속사)가 없으면 동사는 하나이다.
>
> '동사자리'이면 ❶ 주어에서 나가는 힘의 방향 ▶ ❷ 수일치 ▶ ❸ 시제 순으로 점검해보자.

선택지가 동사(덩어리)로 이루어져 있으므로 빈칸은 동사자리이다. 따라서 다음의 순서로 판단해야 한다.

❶ 주어에서 나가는 힘의 방향
▼
❷ 수일치 (주어기 단수일때 동사에 s or es를 붙여주는 것)
▼
❸ 시제 (만약 문장에 시간을 나타내는 표현이 나온다면 시제부터 판단하자)

빈칸 앞 접속사 as가 '**같은 시간**'을 나타내는 말이므로 빈칸은 앞과 동일한 현재시제이거나 현재진행형이 와야 한다. 그러므로 **정답은 (A)**이다.

Since funds are limited, please be _____ and make sure that any materials we purchase can be used inside the entire department.

04. (A) selecting
(B) select
(C) selective
(D) selection

빈칸 앞에 **be동사**가 있으므로 **be동사** 관련 문제이다. [**동사덩어리 공식 06** 'be 다음에 빈칸이 있을 때 '형용사 or 동사 +ed'를 먼저 생각하자'] (A), (C), (D) 모두 **be동사** 다음에 올 수 있지만 토익에서 우선하는 순서가 ❶형용사 ▶ ❷동사 +ed(힘 받고) ▶ ❸명사 순이므로 이를 염두해 두고 문제를 풀어보면 문맥상 형용사인 (C) **selective**가 정답이다.

Unit 19 문장의 흐름을 알려주는 '연결고리'를 알아야 한다.

▶ 파트 6은 파트 5와는 다르게 장문이므로 [앞 단락과 뒤따르는 단락의 흐름을 연결해 주는 단어]에 대해서 묻는다. 이를 '**접속부사**'라 하는데, 문장 연결의 의미를 가진 부사라고 생각하고 각각의 뜻을 알고 있으면 된다.

접속부사에는 'however(그러나), in addition(게다가), nevertheless(그럼에도 불구하고), therefore(그러므로), otherwise(그렇지 않으면)' 등이 있는데, 이러한 다섯 개의 접속부사가 토익에 집중적으로 출제되고 있다. 파트 5에서는 전치사와 접속사의 구별 문제에서 혼동을 유도하는 오답으로 자주 등장하고, 파트 6에서는 접속부사의 정확한 해석을 통한 문맥적 의미를 물어보는 경우가 자주 출제된다.

> 빈칸 앞과 뒤가 '**반대**' 되는 내용이면 however가 정답이다.
> 빈칸 뒤의 덧붙여지거나 '**첨가**'의 내용이라면 in addition이 정답이다.
> 빈칸 뒤가 원인에 대한 '**결과**'라면 therefore가 정답이다.
> 빈칸이 '**그렇지 않으면**' 의미라면 otherwise가 정답이다.

Questions 05-07 refer to the following letter.

Ms. Amy Brenner
P.O. Box 1578
Newark, PA 19714

Dear Ms. Brenner

I am very happy _____ our offer of full-time employment as Lead Accountant at our Yucca Bank office.

05. (A) to confirm
    (B) confirming
    (C) confirm
    (D) to be confirmed

Frank Wren, your new boss, will inform you on Monday of your _____ responsibilities.

06. (A) promising
    (B) remote
    (C) makeshift
    (D) specific

If you have any questions, please inform my assistant and she will help you with anything you need. _____, please sign and date the enclosed contract and bring it with you on your first day of work.

07. (A) Therefore
    (B) Similarly
    (C) Likewise
    (D) Otherwise

Sincerely,

Lisa Nixon

Human resources

Ms. Amy Brenner

P.O. Box 1578

Newark, PA 19714

Dear Ms. Brenner

I am very happy _____ our offer of full-time employment as Lead Accountant at our Yucca Bank office.

05. (A) to confirm
    (B) confirming
    (C) confirm
    (D) to be confirmed

선택지를 보니 동사와 동사변형으로 이루어져 있다. 빈칸 앞에 동사가 있으므로 빈칸은 동사변형이 와야 한다. 따라서 정답은 (A), (B), (D) 중에 있다. 'nice to see you'라는 문장에서 알 수 있듯이 감정 뒤에는 감정의 이유를 나타내는 **to부정사**가 온다. 따라서 정답은 (A)와 (D)로 압축될 수 있다. 둘의 차이는 힘의 방향인데 빈칸 뒤에 동작의 대상인 **our** offer가 있으므로 힘의 방향은 ▶이어야 한다. 그러므로 **정답은 (A)**이다.

Frank Wren, your new boss, will inform you on Monday of your _____ responsibilities.

06. (A) promising
    (B) remote
    (C) makeshift
    (D) specific

선택지를 보니 알맞은 형용사 어휘를 묻는 문제다. 앞서 언급했듯 형용사는 명사 앞에 위치하여 명사덩어리를 이루므로 빈칸 뒤의 명사와의 어울림이 중요하다.

(A) promising (유망한)
(B) remote (먼)   + responsibilities(책임사항들)
(C) makeshift (임시변통의)
(D) specific (상세한)

If you have any questions, please inform my assistant and she will help you with anything you need. _____ , please sign and date the enclosed contract and bring it with you on your first day of work.

07. (A) Therefore
    (B) Similarly
    (C) Likewise
    (D) Otherwise

선택지를 보니 알맞은 접속부사를 묻는 문제이다. 따라서 앞 문장과 뒤 따르는 문장 전체를 보고 문맥에 알맞은 접속부사를 골라야 한다.

질문 있으면 비서에게 알림 _____ 동봉된 계약서에 서명

빈칸이 '**그렇지 않으면**' 의미가 적절하므로 (D) **otherwise**가 정답이다.

Unit 20 문맥에 알맞은 시제가 중요하다.

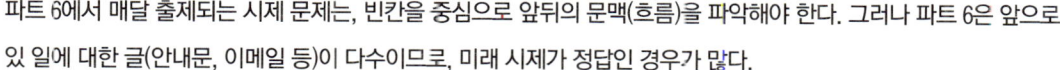

파트 6에서 매달 출제되는 시제 문제는, 빈칸을 중심으로 앞뒤의 문맥(흐름)을 파악해야 한다. 그러나 파트 6은 앞으로 있을 일에 대한 글(안내문, 이메일 등)이 다수이므로, 미래 시제가 정답인 경우가 많다.

Questions 08 refer to the following notice.

To all new employees

This notice is to let you know that the training session for new employees _____ place on May 20. All recently hired

08. (A) took   (B) will take   (C) taking   (D) will have taken

staff must attend this events.

At the training session, you will learn company policies, dress codes, and business practices.

글의 종류가 공지가(**notice**)이고, 직원 연수에 대한 미래 일정 안내이므로 미래 시제(B) **will take**가 적절하다.

Questions 09-11 refer to the following notice.

MEMO

To : Sales Staff
From: Christine Bark
Subject: Christmas Sale

I am compiling our orders for our pre-Christmas re-stocking. I am emphasizing children's books not only because they are natural products for the season, but also because, as you are all aware, they have _____ been our biggest seller. I believe that our current stock of

09. (A) recently
(B) already
(C) always
(D) lately

books—on tape is rather limited, so those too _____ in large quantity. Please do a quick inventory count of your section

10. (A) will be ordered
(B) would be ordered
(C) had been ordered
(D) will have been ordered

and get back to me in _____ with titles and autors that you feel need to be ordered.

11. (A) writer
(B) writing
(C) written
(D) write

I am compiling our orders for our pre-Christmas re-stocking. I am emphasizing children's books not only because they are natural products for the season, but also because, as you are all aware, they have _____ been our biggest seller. I believe that our current stock of

09. (A) recently
(B) already
(C) always
(D) lately

일단 선택지에서 **recently**나 **lately**는 둘 다 '**최근에**'라는 뜻으로 의미차이가 거의 없으므로 답이 될 수 없다. 실제 시험에 같은 의미의 단어가 보기에 두 개가 나오는 경우 둘 다 오답인 경우가 많다. 앞 문장을 보면 **children's books**를 강조하는 이유가 원래 크리스마스시즌에 맞는 상품일 뿐만 아니라 가장 많이 팔리는 것이라고 했다. 빈칸은 어느 특정 기간만 그런 것이 아니라 '**늘 그래왔다**'는 의미가 되어야 하므로 현재완료와 잘 어울리는 **(C) always**가 **정답**이다.

books-on tape is rather limited, so those too ＿＿＿＿＿＿＿＿ in large quantity. Please do a quick inventory count of your section

10. (A) will be ordered
(B) have been ordered
(C) had been ordered
(D) will be ordering

선택지를 보면 전부 동사(덩어리)이고 시제가 각기 다르므로 시제 문제가 분명하다. 앞 문장에서 오디오북(**books-on-tape**)의 재고가 현재(**is limited**)부족하다고 했으니 앞으로 더 주문해야 한다는 것이므로 미래시제가 정답이다. 그리고 힘의 방향을 생각해보면 오디오북은 주문을 당하는 것이므로 **정답은 (A) will be ordered**이다.

and get back to me in ＿＿＿＿＿＿ with titles and autors that you feel need to be ordered.

11. (A) to write
(B) writing
(C) written
(D) write

선택지를 보니 동사와 동사변형으로 이루어져 있다. 전치사 다음이므로 **명사**나 **동사+ing**가 와야 할 자리이므로 **정답은 (B) writing**이다. in writing(서면으로)이라는 숙어적 표현을 알아두자.

Chapter 06

부족한 시간을 해결하는 Part 7 문제풀이 비법

기본적으로 파트 7은 **[제시된 지문]을 읽고 [질문]에 대해 4개의 선택지 중 가장 적절한 답을 선택하는 유형**이다.

출제되는 지문의 종류는 편지, 광고, 기사, 공고, 초대장, 소장, 쿠폰 등 **[일상생활에서 접할 수 있는 실용문]**들로 구성되어 있다. 따라서 글의 전개구조와 질문을 어느 정도 <u>예측</u>할 수 있다. 예를 들어, 여행 일정표 지문이 나오면 일정표이므로 시간 순서대(오전▶오후▶저녁)로 정보가 배열되겠고 질문은 특정 시간장소에 일어나는 이벤트에 대한 세부적인 정보를 물을 수 밖에 없다. 그러므로 특정 시간이나 장소를 나타내는 키워드 중심으로 빠르게 답을 찾으면 된다. 이렇게 **지문 유형별 접근 전략**을 통해 답이 되는 근거를 빨리 찾아낼 수 있도록 연습하는 것이 파트7의 문제풀이 기술이다.

시험에 나오는 독해 지문의 종류

광고문(advertisement)
주로 제품이나 서비스에 대한 광고가 주된 내용이고, 제품 광고에는 해당 제품의 장점을 묻는 문제가 출제된다.

사내 공고문(memo, notice, announcement)
인사 이동(**personnel change**), 회사 정책 변경(**policy change**), 근무 시 안전 대책(**safety precautions**), 세미나, 회의 소집 등 다양한 내용이 출제된다.

서신(business letter, e-mail), Fax
주로 사업상의 서신이 출제되며, 주문, 배송 관련, 감사, 불만, 답장, 문의 등의 내용으로 구성된다.

신문 기사(article)
인물, 건강, 상식, 경제, 부동산, 지역 소식 등 다양한 내용이 출제된다.

그 외 도표, 차트, 이력서, 초대장, 제품 팸플릿, 여행 일정, 일정표, 달력, 운행 시간표, 출장 경비 내역서, 운송장, 주문서, 고객 만족도 조사서, 구인 광고 등이 있다.

Unit 21 간단한 배경지식만 있으면 절반은 풀린다.

Question 01-02 refers to the following travel itinerary.

▶ 어떤 종류의 지문인지 알려준다. 이 지문은 여행 일정표(travel itinerary)이다.

Travel Itinerary for John White, International Representative for Baltsworth Inc.

- Depart : 10:10 a.m. (local time) from JFK Airport, New York City on Air Italia Flight IT789 - with a stopover at Heathrow International Airport in London, England Arrive: 12:00 p.m. (local time) Rome, Italy

- Trasportation to hotel: Airport Limousine

- Lunch: 1:30 p.m., Casa Giovanni in the hotel lobby

- Conference: begins at 2:00 p.m., "Italian Trade Negotiations post EU membership: what the Euro has done for Italy"

Tour of local factories:
4:00-5:00 p.m. the Vatican, Diplomatic Relations Office
6:00-7:00 p.m. meeting with Giancarlo Podda regarding partnership initiatives

Welcoming reception and dinner for international correspondents: 7:30 p.m., Hotel Nardizzi, Guest speaker: Sergio Sacco - Director of Italia Networks Inc.

---

01 Where will Mr. White have lunch?

(A) Heathrow International Airport
(B) Casa Giovanni
(C) The Diplomatic Relations Office
(D) Hotel Nardizzi

02 What is scheduled to take place in the Nardizzi?

(A) A business meeting
(B) A welcoming event
(C) A visit to the vatican
(D) A personal presentaion

여행일정표는 시간순서대로 정보가 단순 나열되는 형식이다. 질문을 보면 둘 다 점심은 어디서 먹는지? 등의 개별적이고 구체적인 정보를 묻고 있으므로 시간 순서대로 나열된 정보속에서 알맞는 정보를 찾으면 된다. 숙달되면 시간을 단축해주는 요인이다.

01. 어디에서 점심을 먹는 질문이므로 점심(lunch)이라는 키워드를 중심으로 지문에서 정보를 찾아야 한다. 지문의 가운데에 **lunch**라는 키워드가 있으므로 그 내용을 자세히 보면 **Casa Giovanni**에서 점심을 먹는 것으로 예정되어 있으므로 **정답은 (B)**이다.

이렇듯 개별적이고 구체적인 정보를 묻는 질문 유형은 이와같이 **키워드(lunch) 중심으로 지문에서 찾으면 된다.**

02. 'Nardizzi'에서 일어나는 일을 묻는 질문이므로 키워드를 'Nardizzi'로 하고 지문 속에서 정보를 찾으면 마지막에 'Welcoming reception and dinner'가 'Nardizzi'에서 일어난다고 기술되어 있으므로 **정답은 (B) A welcoming event**이다.

이렇듯 토익은 가장 보편적인 비즈니스 영어상황에서 출제가 된다는 점 알고 보면, 그에 따른 지문 유형도 한정적이다. 예측 가능한 범위의 내용이므로 때에 따라서는 전체 지문을 읽지 않고 필요한 부분만 발췌해서 빠르게 읽으면 쉽게 답을 구할 수 있는 경우도 많다.

위의 지문은 **'여행 일정표'**이므로 여행 일정의 정보가 나열된 글이다. 따라서 구체적인 여행일정 사항을 묻는 질문밖에는 할 수 없고 여행일정에는 **'호텔이름 등, 대문자로 나오는 고유명사'**를 키워드로 지문을 읽으면 쉽게 답을 구할 수 있다.

Question 03-04 refers to the following receipt.
▶ 어떤 종류의 지문인지 알려준다. 이 지문은 **영수증**이다.

RECEIPT FOR NON-REFUNDABLE DEPOSIT

Selloer :   Best Buy Used Cars
Received from :   Edward Thomas
Deposit amount : $3,000.00
Toward purchase of : Valiant Encore (License plate XL 4526)
Total price : $18,999.00
Due date :   June 30

Note:
This acknowledges receipt by the seller of the amount shown as a NON-REFUNDABLE deposit by the buyer toward purchase of the goods or services listed above. The buyer understands that he/she will forfeit this deposit to the seller if he/she does not complete this purchase by the due date listed.

---

03 What is the customer purchasing?

(A) A new carstereo
(B) A guided tour of a motor show
(C) Repairs to a damaged truck
(D) A used vehicle

이 글은 영수증이다. 파는 업체(**seller**)의 이름이 '**Best Buy Used Cars**'이므로 업종이 중고차(**used cars**)임을 알 수 있으므로 **정답은** (D) A used vehicle임을 알 수 있다.

---

04 What company policy is noted on the receipt?

(A) Full payment must be made within a year.
(B) The payment will not be returned
(C) There is a one-month warranty period.
(D) The store will not be beaten on price.

회사 정책에 대해 묻는 문제로 영수증 하단에 내용부분에서 답의 근거를 찾아야 한다. 우선 제목부터 **'환불 불가'**를 내세우고 Note부분의 a NON-REFUNDABLE deposit이라는 부분에 구체적으로 명시가 되어 있으므로 **정답은 (B)**이다.

Questions 05-07 refer to the following document.

Patricia Henderson

EDUCATION:

1) 1984-1998: BA in English at Queen's University, Kingston, ONT.

2) 1988-1991: MA/Ph.D. in English Literature at UBC, Vancouver, BC

Thesis: A Comparison Study of the Works of Various Canadian Authors

RESEARCH EXPERIENCE:
Research during my Ph. D in Vancouver from January 1993 to September 1995:

Postdoctoral Position at California State University from October 1995 to October 1998 as a Research Associate in the English Literatue Department:
1-Researching documents found in castles throughout rural England said to date back to the 16th century
2-Determining the authenticity of the works, as well as discovering complementary works writer by the same authors

Visiting Assistant Professor at the English Department of the University of Wisconsin from January 2000 to April 2007:
Assisted in the teachings of various courses including Modern Language Literature, Critical Theory, Interpreting Shakespeare, and Renaissance to Modern Day

---

05 What kind of document is this?

(A) A job evaluation
(B) A novel
(C) A resume
(D) An essay on literature

글의 종류와 목적을 묻는 질문으로 글의 초반에 이름과 학력(Education)이 나오는 문서는 이력서이다. 따라서 **정답은 (C) A resume(이력서)**이다.

토익은 가장 보편적인 비즈니스 영어상황에서 출제가 된다는 점을 고려하면, 그에 따른 지문 유형도 한정적인데, 이번 경우는 이력서이다. 따라서 이력서의 양식과 글의 흐름[학력▶경력 순서]을 알고 있으면 다음 문제들도 쉽게 필요한 부분만 발췌해서 빠르게 읽으면서 쉽게 답을 구할 수 있을 것이다.

06 Where could Ms. Henderson be employed?

(A) A publishing company
(B) An educational institution
(C) A book club
(D) A movie studio

Ms. Henderson이 어디서 일하게 될지 추론을 하는 문제이다. 추론이라고 하지만 사실에 근거해서 답을 골라야 한다. Teaching경험이 있는 영문학 박사 학위가 일할 곳은 (B) **An educational institution(교육기관)**이다.

07 Where did Ms. Hendersn do her Ph.D?

(A) University of Wisconsin
(B) UBC, Vancouver
(C) California State University
(D) Queens University, Kingston

구체적인 사실을 묻는 질문으로 박사학위를 어디에서 했는지에 대한 질문이다. 따라서 다른 곳을 볼 필요 없이 글의 초반에 학력(Education)부분만 보면 된다. 따라서 **정답은 (B)**이다.

Question 08 refers to the following e-mail

TO: James Bonds
FROM: Willy Kim
SUBJECT : Meeting
DATE : July 8

It is unfortunate that I will have to postpone our meeting to discuss the company merger. I was asked to attend an emergency conference about a project that I am working on with my colleagues. Would it be possible for us to meet next Monday? I also need time to examine the report that you sent me before we meet. Please accept my sincerest apologies for the delay. I look forward to hearing from yoou soon.

08 What is the purpose of the e-mail?

(A) To assign a task regarding the conference
(B) To change the time of meeting

질문을 읽고 'purpose'라는 말을 통해 주제/목적 찾기 문제임을 알 수 있다.

주제 및 목적은 대부분 지문의 앞부분에서 언급되므로 이메일의 앞부분에서 주제문을 찾는다. 이메일의 내용을 살펴보면, 첫 문장인 'I will have to postpone our meeting'에서 예정된 회의를 연기해야 한다는 사실을 알려준 다음, 그 이유를 구체적으로 설명하고 있다. 따라서 첫 문장이 이메일의 주제문이며, 예정되어 있는 회의를 연기하기 위해 이메일을 보냈음을 알 수 있다.

주제문을 토대로 정답을 고르면 **(B) To change the time of a meeting**이 정답이다.

파트7의 리딩시간을 단축하는 방법을 정리하면 다음과 같다.

첫째 끊어 읽기가 아닌 눈에 보이는 순서대로 읽는 능력이 필요하다.

둘째 지문 내용별 접근 전략으로 풀이시간을 단축한다.

1) 스토리가 있는 지문(70%)

   기승전결 하나의 이야기 구조로 이루어진 지문

   편지, e-mail, 기사, 메모, 공지

2) 스토리가 없는 지문(30%)

   양식, 서식, 정보가 나열된 형태의 지문

   운송장, 일정표 영수증, 계산서, 광고 전단지

셋째 질문 유형별 접근 전략으로 풀이시간을 단축한다.

글의 목적과 주제를 묻는 문제 ▶ 전반적인 내용파악에 주력한다.

개별적이고 구체적인 내용을 묻는 문제 ▶ 세부적인 정보가 나오는 곳을 빠르게 찾는다.

Unit 22 정답은 알고 보면 말만 조금 바꾼 것이다.

독해뿐만 아니라 토익 전체의 문제 출제 원칙에 해당되는 것으로 흔히들 말하는 **paraphrasing** (다른 단어로 표현하기)이라는 것이다. 예를 들어, 질문이 **What is the deadline for enrolling in the seminar?**일 경우 제일 중요한 키워드는 **deadline**일 것이다. 그래서 그 단어를 지문에서 열심히 찾지만 막상 본문에 없을 경우 시간의 압박을 받는 시험장에서 우리는 당황하게 된다. 문제는 지문에서 말을 조금 바꾼 단어(동의어)를 놓쳤기 때문이다. '**deadline**'이란 말은 언제까지 해야 된다는 말이므로 풀어쓰면 '**by 날짜**', '**due on 날짜**'등으로 나타낼 수 있으므로 지문에서 이러한 말을 찾으면 된다.

Question 09 refers to the following letter.

Dear Ms. White,

I wanted to say thank you for taking our department on a company retreat last <u>weekend</u>. After a very hard week at the office, it was much needed relaxation.

Sincerely,
Jack Smith.

09 When was Ms. White away?

(A) Monday to Friday   (B) <u>Saturday, Sunday</u>

시간과 수를 나타내는 동의어 표현을 이용한 패러프레이징은 모두 비슷하거나 같은 의미를 가진 단어를 이용하기 때문에 어휘의 양과 점수의 폭이 비례하는 편이다. 따라서 기본적으로 어휘력 향상을 위해 꾸준히 노력해야 한다. 우선 문제를 푸는데 있어서 중요한 것은 제시된 단어의 정확한 의미를 알아야 한다. 질문에서 화이트 씨가 떠났던 때를 묻고 있고 지문에서는 **last weekend**로 제시되었다. **weekend**의 정확한 의미를 묻고 있는 것이다. 통상 **weekend**는 토요일 오후부터 월요일 이른 오전까지를 말하는 것이므로 정답은 **(A) Saturday, Sunday**가 되는 것이다. 이처럼 제시된 단어의 정확한 의미를 파악하는 것이 출제 포인트라 하겠다.

Question 10 refers to the following memo.

TO : All Office Employees
FROM : Elaine Alaric
RE : Vacation time
DATE : May 1st

As we head into the summer months, we all must take a minute and plan our vacations.
As well, the proper procedure must be followed when requesting vacation time.

First, you must receive approval from your immediate supervisor for the days you are requesting. If approval is granted, a memo must be written detailing the days you will be absent from the office. A copy of this memo must be sent to your immediate supervisor, your manager and to me.

All vacations will be posted on the large calendar outside my office. With proactive planning, we can eliminate any staff shortages we've had in the past.

10 What are the readers being asked to do?

(A) Request their time away from work
(B) Report overtime hours worked
(C) Work late to finish their work on time.
(D) Transfer to another branch

해석 여름의 달로 접어들면서, 우리 모두는 시간을 너어 휴가를 계획해야 합니다. 또한, 휴가를 요청할 때는 올바른 절차를 따라야 합니다. 우선, 여러분의 직속 상관으로부터 여러분이 요청하는 날짜의 허가를 받아야 합니다. 허가를 받으면, 여러분이 자리를 비우게 될 날짜들이 명시된 메모를 써야 합니다. 이 메모의 사본을 직속 상관과 부장 그리고 저에게 보내주어야 합니다. 모든 휴가 날짜는 제 사무실 밖에 붙어 있는 대형 달력에 게시될 것입니다. 사전 계획으로 예전에 경험했던 인력 부족 현상을 없앨 수 있습니다.

지문의 초반부에서 휴가(vacation)을 미리 계획하고 요청하라고 했으므로 휴가의 동의어인 **time away from work**가 **포함된 (A)가 정답**이다. 휴가에 해당하는 단어에는 **vacation, time away from work, days off**가 있다.

애로우 잉글리시 서울 강남 본원 및 전국 각지에서 공개강연회 진행중!
NOW!

서울 강남 본원
TEL 02)422-7505

서울 강남구 역삼동 831-24
예미프레스티지빌딩 3층

인천 센터
TEL 070-7013-7507

인천시 남동구 구월동 1128-1
아트뷰주상복합 4층 402호

전주 센터
TEL : 063) 243-0579

전주시 덕진구 우아동 2가 860-6번지 4층
4호(아중리 노동청사 부근)

부산 센터
TEL : 051) 807-7505

부산광역시 부산진구 부전동 261-9
유당빌딩 3층

대구 센터
TEL : 053) 745-7505

대구시 동구 신천동 337-8번지 2층
AE대구센터 (동대구역 7분 거리)

광주 센터
TEL : 062) 365-7505

광주광역시 동구 필문대로 136
경원빌딩 3층

대전 센터
TEL 042) 222-7505

대전시 중구 선화동 280-2 대제빌딩 2층
(중구청역 5~6분 거리)

단 하나의 법칙으로

거침없이 시리즈

문법을 몰라도 책장만 넘기면 영어가 저절로 이해 된다!

❶ 단어만 알면
거침없이 영어 되는 비법 책

❷ 단어만 알면
거침없이 영어회화 되는 책

❸ 알파벳만 알면
거침없이 외워지는 영단어 책

❹ 140컷 그림으로
거침없이 읽는 바이블 잉글리시

애로우 잉글리시 전치사 혁명

애로우 잉글리시 수능영어
독해의 기술

애로우 잉글리시 수능영어
빈칸추론의 기술